Méthode de français pour adolescents

2

Pourquoi pas !

Cahier d'exercices

M. Bosquet

Y. Rennes

M.-F. Vignaud

Editions Maison des Langues, Paris

Pourquoi pas !
Cahier d'exercices – Niveau 2

Auteurs
Michèle Bosquet, Yolanda Rennes, Marie-Françoise Vignaud

Coordination éditoriale
Philippe Liria

Rédaction
Lucile Lacan, Philippe Liria, Eulàlia Mata Burgarolas

Correction
Yves-Alexandre Nardone

Conception graphique et couverture
Enric Font

Mise en page
Enric Font, Sònia Cabestany

Documentation
Olga Mias

Enregistrements
Coordination : Marie-Laure Lions-Oliviéri, Philippe Liria, Eulàlia Mata Burgarolas
Studios d'enregistrement : RRC Multimedia et CYO Studios

Nous tenons à remercier toutes les personnes qui ont rendu possible la réalisation de cet ouvrage, notamment les élèves et M. González du Collège Saint-Michel (Avignon) pour leur participation au reportage photographique, ainsi que les élèves de 2nde 1 du Lycée interrégional du Coudon de La Garde (Var) et Arthur Thomas pour les enregistrements.

© Les auteurs et Difusión, Centre de Recherche et de Publications de Langues, S.L., 2008

Réimpression : mars 2015

ISBN édition internationale 978-84-8443-504-4
ISBN édition espagnole 978-84-236-6980-6
Dépôt légal B-868-2012

Imprimé dans l'UE

www.emdl.fr

Chère élève / Cher élève,

Ce cahier est le vôtre. Vous l'utiliserez pour votre travail individuel à la maison. Le Livre de l'élève vous permet de travailler en classe avec vos camarades et votre professeur. Maintenant, avec ce cahier, vous êtes toute seul(e) face à la langue. Pourquoi ? Parce qu'apprendre une langue, c'est aussi un processus individuel. Apprendre une langue, c'est comme faire du sport : chacun(e) à ses propres capacités et son propre rythme. Comme en sport, il faut aussi des moments d'entraînement personnel pour mieux apprendre.

Ce **Cahier d'exercices** de Pourquoi pas ! 2 comprend six unités qui correspondent chacune à celle du Livre de l'élève. Chaque unité comprend les parties suivantes :

Page de garde : vous pourrez la compléter à votre goût selon les contenus de l'unité en dessinant, en écrivant, en collant des photos…

Activités : vous trouverez des exercices qui complètent ceux du Livre de l'élève. Vous devrez utiliser le CD qui accompagne ce cahier pour réaliser certains exercices de compréhension orale.

La grammaire, c'est facile ! Sur une page, vous trouverez des activités qui reprennent les points principaux de grammaire vus dans l'unité.

Mot à mot : cette rubrique permet de reprendre et de personnaliser le travail sur le vocabulaire de l'unité, de créer votre propre petit dictionnaire et d'établir des parallélismes avec les langues que vous connaissez.

Connecte-toi ! Vous trouverez des activités en ligne pour vous habituer à utiliser Internet en français.

Mon portfolio : cette rubrique vous permet de poser un regard sur votre apprentissage.

Ce **Cahier d'exercices** contient également à la fin les transcriptions des enregistrements des activités audio de chacune des unités.

Que le voyage en français continue !

Les auteurs

Sommaire

Les principales compétences travaillées dans chaque activité sont signalées entre parenthèses à titre indicatif.

Colle, dessine, écris... tout ce que tu veux. Cette page est pour toi !

MON PÈRE A TROUVÉ UN NOUVEAU TRAVAIL, ALORS .... CET ÉTÉ. .... DANS UNE PETITE VILLE QUE .... ET .... CHANGER DE COLLÈGE, BIEN SÛR ! C'EST NUL, ... LÀ-BAS ! TOUT LE MONDE ME DIT : « ÇA VA BIEN SE PASSER ET PUIS, IL Y A TA COUSINE ÉMILIE ! .... VRAI, MAIS BON, C'EST UNE GAMINE !

1 **A.** Relis la bande dessinée du Livre de l'élève (p. 14-15). Avant le déménagement, Matéo parle avec son meilleur copain. Complète ses paroles avec les verbes conjugués de cette liste.

je vais devoir

nous allons aller

nous allons déménager

nous ne connaissons pas

je ne connais personne

c'est

B. Voici la réaction d'Émilie en septembre. Complète ses paroles avec les verbes conjugués de cette liste.

on s'entend

il connaît

on veut

j'étais

il est

il a trouvé

il adore

AU COLLÈGE, MATÉO NE M'A PAS RECONNUE. .... QUE .... DIFFÉRENTE. BON, LUI AUSSI .... DIFFÉRENT. AVANT, PFFFF !!! QUEL GAMIN ! MAINTENANT, IL EST SUPER SYMPA ET .... TRÈS BIEN ! LE PREMIER JOUR A ÉTÉ UN PEU DUR POUR LUI, MAIS MAINTENANT, ... MES COPAINS. IL LES TROUVE TRÈS SYMPAS. ET PUIS .... LE THÉÂTRE LUI AUSSI, ALORS TOUS ENSEMBLE .... MONTER UNE TROUPE DE THÉÂTRE, C'EST COOL !

2 **A.** Comment se passe ta rentrée ? Écris cinq phrases pour en parler.

a. *Cette année, nous avons deux nouvelles matières.*

b. _____

c. _____

d. _____

e. _____

f. _____

B. Tu as certainement pris de bonnes résolutions pour cette rentrée. Lesquelles ?

Je vais _____

J'ai envie de _____

Je veux _____

Je voudrais _____

3 Décris Matéo et Émilie : comment ils sont, quels vêtements ils portent...

Émilie est une fille _____

Elle a _____

_____

Elle est _____

_____

Elle porte _____

_____

Matéo est un garçon _____

Il a _____

_____

Il est _____

_____

Il porte _____

_____

4 Remets les morceaux de phrases à leur place pour reconstituer le résumé de la BD.

Le père de Matéo a trouvé un nouveau travail et _____

_____ .

_____ il ne va plus voir ses amis. Il n'a pas

envie de changer de collège parce qu'il _____ .

Son père et sa grand-mère lui disent qu'il y a sa cousine Émilie au collège mais lui, il

pense que c'est une gamine.

Le jour de la rentrée, au collège, _____ . Il est

très surpris car _____ . Émilie présente Matéo à

tous ses amis. _____ et Matéo adore ça aussi.

Ensemble, ils vont monter une troupe.

elle a beaucoup changé

Ils font du théâtre

il ne reconnaît pas Émilie

Matéo n'est pas très content car

ne connaît personne

en août, ils ont déménagé dans une petite ville

5 À toi ! Complète cette fiche sur le modèle du Livre de l'élève (p. 16-17).

COLLE TA PHOTO OU DESSINE TON PORTRAIT !

Anniversaire : _____

Lieu de naissance : _____

Tu es de quel signe ? _____

Combien tu mesures ? _____

Tes passe-temps favoris ? _____

Quel est ton livre préféré ? _____

Quelle est ta chanson préférée ? _____

Une émission à la télé : _____

Un jeu : _____

Un film : _____

Un lieu : _____

Un plat : _____

Un sport : _____

Une de tes qualités : _____

Un défaut : _____

Quel métier tu aimerais exercer ? _____

Quelle qualité tu apprécies chez tes amis ? _____

Tu as un grand rêve ? _____

Tu as une devise ? _____

Qu'est-ce que tu préfères chez toi ? _____

Qu'est-ce que tu voudrais changer chez toi ? _____

6 **A.** Tu regardes beaucoup la télé ? Voici des émissions de télé. À ton avis, il s'agit de quel type d'émission ? Utilise le vocabulaire du Livre de l'élève (p. 19).

ÇA SE DISCUTE

TATARATA

Star Academy

DES CHIFFRES DES LETTRES

LES GUIGNOLS DE L'INFO

QUI VEUT GAGNER DES MILLIONS ?

B. Dans ton pays, quelles émissions sont diffusées ? Complète la fiche.

Une série pour les ados : ....

Un jeu télévisé : ....

Un documentaire : ....

Une série policière : ....

Une émission pour les enfants : ....

Un film d'animation : ....

Une série de science-fiction : ....

Une comédie : ....

C. Décris et donne ton avis sur quatre des émissions que tu as indiquées dans l'activité précédente.

Nom / titre	Thème	Musique	Personnages / présentateur	Pourquoi ?
Les Années Rebelles	Vie des habitants d'un quartier de Toulouse	Bonne	Très bons	Traite des sujets intéressants
a.				
b.				
c.				
d.				

7 **A.** Es-tu un gros consommateur d'Internet et de télévision ? Pour le savoir, fais ce petit test puis découvre ton profil.

1. Je regarde la télé...
☐ a) 2 heures par semaine.
☐ b) 1 heure par jour.
☐ c) 10 heures par semaine.

2. Je pense que...
☐ a) c'est peu.
☐ b) c'est beaucoup.
☐ c) c'est trop.

3. Je regarde surtout...
☐ a) des documentaires.
☐ b) des jeux.
☐ c) des séries ou des films.

4. J'utilise Internet pour...
☐ a) chercher des informations pour mes cours.
☐ b) chatter et regarder des blogs.
☐ c) écouter de la musique.

5. Je joue à des jeux vidéos.
☐ a) Jamais.
☐ b) 2 ou 3 fois par semaine.
☐ c) Tous les jours.

6. Je pratique un sport.
☐ a) Régulièrement.
☐ b) De temps en temps.
☐ c) Jamais.

7. Avec mes copains/copines du collège, ...
☐ a) nous nous voyons régulièrement.
☐ b) nous sortons ensemble le week-end.
☐ c) nous nous voyons uniquement au collège.

Tu as une majorité de a :
Apparemment, tu sais faire un usage raisonnable d'Internet et de la télé. Tu les utilises quand tu en as vraiment besoin et tout cela ne t'attire pas spécialement. Tu préfères faire d'autres choses comme passer du temps avec tes amis, faire du sport, lire...

Tu as une majorité de b :
Tu aimes bien te plonger dans le monde d'Internet, des jeux et aussi de la télé, et quelques fois tu as du mal à t'en défaire ! Heureusement, tes amis sont là pour te rappeler à la réalité et pour passer de bons moments ensemble !

Tu as une majorité de c :
Tu vis dans un monde virtuel et tu oublies qu'il y a d'autres choses bien réelles, très intéressantes et sympas à faire et à découvrir autour de toi ! Attention !!! Tu risques de perdre tes amis et de finir par parler seulement aux machines !

B. Es-tu d'accord avec le résultat du test ? Justifie ta réponse.

8 Avant d'enregistrer leur présentation, les membres de l'association *Bouge Ton Quartier !* (Livre de l'élève, p. 21) ont répondu à un petit questionnaire. Voici les réponses de Sonia et d'Alexei. Peux-tu retrouver les questions ?

Pistes 1-2

● ....
....
....?

o Je m'appelle Sonia, j'ai 16 ans et j'habite à la Croix-Rousse.

● ....?

o J'adore danser !

● ....?

o Je n'aime pas les hypocrites. Et les gens malhonnêtes non plus.

● ....?

o Dans mon temps libre ? J'aime bien sortir avec mes amis. Le soir, on va au ciné ou alors on va prendre un verre.

● ....?

o Je suis très gaie et j'aime beaucoup rire.

● ....?

o Je voudrais faire un jour le tour du monde.

● ....
....
....?

■ Je m'appelle Alexei et j'ai 16 ans.

● ....?

■ Je suis d'origine polonaise. Ma mère est polonaise.

● ....?

■ Oui, j'ai une sœur, elle s'appelle Aline.

● ....?

■ Ce que j'aime le plus, c'est faire du sport, tous les sports.

● ....?

■ Oui bien sûr ! Le skate ! J'aime bien le foot aussi, je joue souvent avec les copains.

● ....?

■ Je n'aime pas beaucoup étudier, mais c'est vrai que c'est utile.

● ....?

■ Je crois que je suis agréable en général.

● ....?

■ Je suis un peu obstiné !

9 Relis les textes sur *Bouge Ton Quartier !* (Livre de l'élève, p. 20-21) et réponds aux questions en donnant le plus d'informations possible.

Qui sont-ils ?	Où vivent-ils ?	Pourquoi ont-ils créé l'association ?	Que font-ils ?

10 Relis le texte « Notre quartier : les pentes de la Croix-Rousse » (Livre de l'élève, p. 21) et souligne la fin de la phrase qui est correcte.

■ **La Croix-Rousse est...**
un quartier très moderne de Lyon.
<u>un très vieux quartier de Lyon.</u>

■ **Les rues...**
ne sont pas larges.
sont très larges.

■ **C'est un quartier agréable...**
mais pas vraiment touristique.
et très touristique.

■ **Il y a beaucoup...**
d'immeubles récents.
d'immeubles anciens.

■ **Les habitants participent beaucoup...**
aux activités de quartier.
à la promotion du quartier.

■ **Le marché est ouvert...**
du lundi au dimanche.
du lundi au vendredi.

■ **Les traboules...**
permettent de passer d'une rue à l'autre.
sont des passages payants.

■ **Les Canuts...**
sont des fabricants de tissus.
sont les fabricants du funiculaire.

■ **Il y a une grande fête à la Croix-Rousse...**
en hiver,
en automne,

■ **La circulation en voiture dans la Croix-Rousse...**
est difficile.
est facile.

■ **C'est un quartier...**
très commerçant.
très actif au niveau culturel.

11 Phonétique : écoute les phrases. S'agit-il d'une question ou d'une affirmation ? Complète chaque phrase par **?** ou **.** Entraine-toi à répéter les phrases en marquant bien l'intonation.

Piste 3

1 Il y a une piscine dans mon quartier ___
2 C'est Émilie ___
3 Les cours commencent demain ___
4 Tu n'aimes pas cette série ___
5 Tu connais quelqu'un au collège ___
6 Nous allons boire un verre ___
7 Vous faites du sport ___
8 Elles vont au théâtre ___
9 Tu aimes le tennis ___
10 Il n'a pas envie d'aller au ciné ___

12 **A.** Regarde ce plan. C'est le quartier principal d'une ville moyenne. Décris-le en utilisant **il manque / il y a / il n'y a pas** ... **aucun(e) / trop de / suffisamment de / assez de / plusieurs**... Consulte la rubrique « On a besoin de... », du Livre de l'élève (p. 21).

● Je pense qu'il n'y a pas assez de parcs à vélos.

B. Comment est ton quartier, ta ville ou ton village ? Quels services il y a ? Ils sont suffisants ?

● Dans mon quartier, il y a...

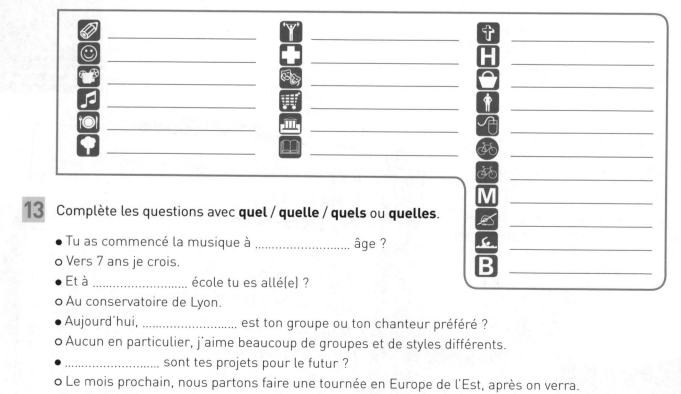

13 Complète les questions avec **quel / quelle / quels** ou **quelles**.

● Tu as commencé la musique à .... âge ?

o Vers 7 ans je crois.

● Et à .... école tu es allé(e) ?

o Au conservatoire de Lyon.

● Aujourd'hui, ... est ton groupe ou ton chanteur préféré ?

o Aucun en particulier, j'aime beaucoup de groupes et de styles différents.

● .... sont tes projets pour le futur ?

o Le mois prochain, nous partons faire une tournée en Europe de l'Est, après on verra.

● Dans .... villes vous allez passer ?

o Les capitales seulement, nous n'avons pas assez de temps ; un mois ça passe vite !

La grammaire, c'est facile !

1

A. Colorie le radical de ces verbes en bleu et les terminaisons en rouge. Si le radical a des formes différentes, colorie-les en bleu et en vert.

	PRÉPARER	APPELER	PRÉFÉRER	ACHETER
Je/j'	prépare	appelle	préfère	achète
Tu	prépares	appelles	préfères	achètes
Il/elle/on	prépare	appelle	préfère	achète
Nous	préparons	appelons	préférons	achetons
Vous	préparez	appelez	préférez	achetez
Ils/elles	préparent	appellent	préfèrent	achètent

B. Indique si ces affirmations sont vraies ou fausses.

	Vrai	Faux
Les terminaisons sont toujours identiques.	☐	☐
Les verbes ont toujours un seul radical.	☐	☐
Les verbes peuvent avoir deux radicaux.	☐	☐
Les verbes peuvent avoir trois radicaux.	☐	☐

2

A. Colorie le radical des verbes en bleu et les terminaisons en rouge. Si le radical a des formes différentes, utilise des couleurs différentes.

	CONNAÎTRE	SORTIR	POUVOIR	VENIR
Je/j'	connais	sors	peux	viens
Tu	connais	sors	peux	viens
Il/elle/on	connaît	sort	peut	vient
Nous	connaissons	sortons	pouvons	venons
Vous	connaissez	sortez	pouvez	venez
Ils/elles	connaissent	sortent	peuvent	viennent

B. Indique si ces affirmations sont vraies ou fausses.

	Vrai	Faux
Les terminaisons sont toujours identiques.	☐	☐
Les verbes ont toujours un seul radical.	☐	☐
Les verbes peuvent avoir deux radicaux.	☐	☐
Les verbes peuvent avoir trois radicaux.	☐	☐

3 Conjugue les verbes suivants puis indique sur quel modèle ils se conjuguent.

> **vouloir – partir – savoir – regarder – boire – s'inquiéter – mettre – écrire – lire – prendre – offrir – voir – finir – jeter – se lever – espérer**

Verbes comme *préparer* : ....

Verbes comme *appeler* : ....

Verbes comme *préférer* : ....

Verbes comme *acheter* : ....

Verbes comme *connaître* : ....

Verbes comme *venir* : ....

1 Tu joues ? Tu as 15 minutes pour compléter les cases du sablier avec des mots de cette première unité. Prêt(e) ?
3, 2, 1... c'est parti !

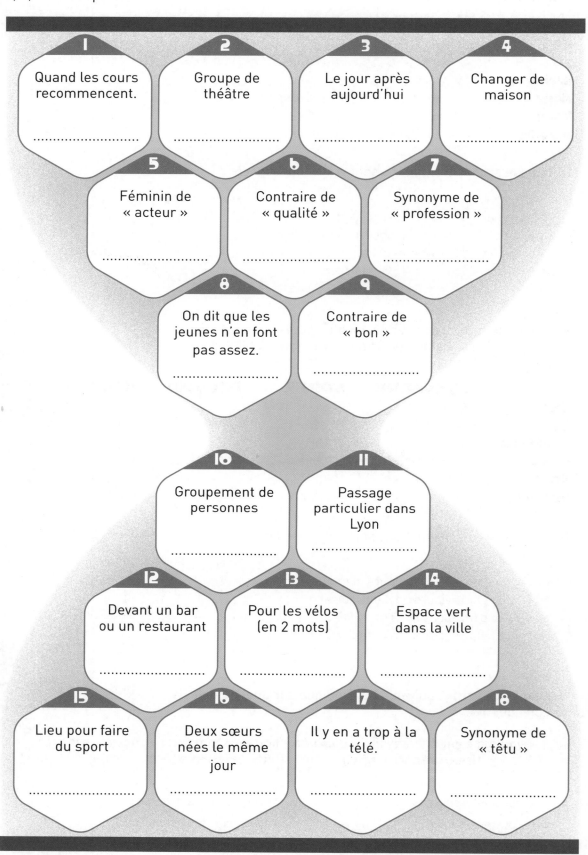

1 Quand les cours recommencent.
....

2 Groupe de théâtre
....

3 Le jour après aujourd'hui
....

4 Changer de maison
....

5 Féminin de « acteur »
....

6 Contraire de « qualité »
....

7 Synonyme de « profession »
....

8 On dit que les jeunes n'en font pas assez.
....

9 Contraire de « bon »
....

10 Groupement de personnes
....

11 Passage particulier dans Lyon
....

12 Devant un bar ou un restaurant
....

13 Pour les vélos (en 2 mots)
....

14 Espace vert dans la ville
....

15 Lieu pour faire du sport
....

16 Deux sœurs nées le même jour
....

17 Il y en a trop à la télé.
....

18 Synonyme de « têtu »
....

Connecte-toi !

1 Connecte-toi sur un site francophone consacré aux séries télévisées. Quelles sont les trois séries les plus populaires en ce moment ? Complète les fiches.

Titre en français (s'il existe) : _____

Titre original : _____

Pays : _____

Année : _____

Saisons et épisodes : _____

1e diffusion en France : _____

Genre : _____

Résumé : _____

_____

_____

Acteurs et rôles : _____

_____

_____

Titre en français (s'il existe) : _____

Titre original : _____

Pays : _____

Année : _____

Saisons et épisodes : _____

1e diffusion en France : _____

Genre : _____

Résumé : _____

_____

_____

Acteurs et rôles : _____

_____

_____

Titre en français (s'il existe) : _____

Titre original : _____

Pays : _____

Année : _____

Saisons et épisodes : _____

1e diffusion en France : _____

Genre : _____

Résumé : _____

_____

_____

Acteurs et rôles : _____

_____

_____

Connais-tu ces séries ? Elles ont déjà été diffusées dans ton pays ? Si oui, quand ? _____

_____

Tu aimes ces séries ? Justifie ta réponse. _____

_____

Que penses-tu des acteurs ? Tu les connais ? Tu les apprécies ? _____

_____

2 Quelles sont les trois séries les plus populaires dans ton pays en ce moment ? (Consulte un site spécialisé si tu ne sais pas ou pour avoir plus d'informations.)

_____

_____

_____

1 Que fais-tu avec ton matériel de français ?
Coche les cases.

	Oui	Non
Tu as couvert ton livre ?	◯	◯
Tu as écrit ton nom ?	◯	◯
Tu as acheté un cahier ?	◯	◯
Tu as acheté un classeur ?	◯	◯
Tu as un dictionnaire de français chez toi ?	◯	◯

2 Que penses-tu de tes devoirs et de tes notes sur les leçons dans ton cahier de l'année dernière ? Tu es :

Pas du tout satisfait	Peu satisfait	Satisfait	Très satisfait

3 Avec deux autres camarades de classe, parlez de comment vous avez organisé votre travail l'année dernière pour vos cours de français. Ensuite complétez le tableau.

Problèmes	Solutions

4 Réponds à ces questions.

A. Comment vas-tu classer le vocabulaire cette année ?

B. Que vas-tu faire si le professeur te donne des photocopies ?

C. Où vas-tu noter tes devoirs ?

UNITÉ 2

Qui et quand ?

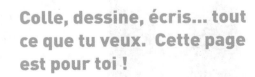

Colle, dessine, écris... tout ce que tu veux. Cette page est pour toi !

1 **A.** Voici la biographie d'un écrivain français très connu : Daniel Pennac. Complète-la en utilisant les verbes de la liste au présent et au passé composé.

commencer

devenir

être

naître

recevoir

vivre

étudier

Daniel Pennac ....
.... à Casablanca, au Maroc, en 1944, dans une famille de militaires. Il .... en Afrique du Nord et en Asie. Actuelle-ment il habite à Paris.

Puis, il .... la littérature française et il .... professeur de français.

Il .... à écrire des romans pour enfants. Mais c'est à partir de 1985 qu'il com-mence à être célèbre grâce aux aventures de son héros parisien Malaussène et d'une famille très originale.

Les livres de Pennac .... traduits dans le monde entier. Ses lecteurs sont des adultes mais aussi des élèves qui étudient ses romans en collège et lycée. Il continue d'écrire et il .... plusieurs prix littéraires.

À lire

Au bonheur des ogres
Le Dictateur et le Hamac

B. À ton tour, écris un petit texte de présentation d'un(e) écrivain que tu aimes bien.

_____
_____
_____
_____
_____
_____
_____

2 **A.** Lis la biographie de l'actrice française Clotilde Courau et remets les paragraphes dans l'ordre.

.... À partir de 1990, et surtout entre 1995 et 2000, elle accumule les rôles au cinéma et au théâtre. Elle reçoit plusieurs prix pour ses interprétations.

.... Elle est née en 1969 en France, dans une famille noble. Elle a grandi avec ses trois sœurs entre la France, l'Egypte et le Bénin. À 16 ans, elle arrête ses études et décide de devenir comédienne.

....

Elle étudie dans les meilleurs cours d'art dramatique et fait partie d'une génération d'acteurs de théâtre et de cinéma.

En 2003, elle se marie au Prince Emmanuel de Savoie et devient ainsi Altesse Royale, Princesse de Savoie. Maman de trois enfants, elle continue sa carrière de comédienne et d'actrice de cinéma.

....

....

Elle réussit à combiner ses études et des travaux pour gagner sa vie (femme de ménage, employée d'un salon de coiffure...).

B. Résume les moments les plus importants de la vie de Clotilde Coureau. Pense à utiliser des mots de cette liste.

d'abord **ensuite** **après** **finalement** **commencer à** **continuer à** **arrêter de**	_____ _____ _____ _____ _____ _____ _____

3 Associe un verbe de la colonne A à un mot de la colonne B. Invente une phrase avec chaque combinaison trouvée. Il y a plusieurs possibilités, mais tu ne peux pas répéter deux fois le même verbe.

A

1. enregistrer
2. peindre
3. tourner
4. étudier
5. écrire
6. avoir

B

a. un tableau
b. un accident
c. un poème
d. un disque
e. un film
f. la médecine

1 d *Des copains de mon grand frère ont enregistré un disque de rock.*

2 _____

3 _____

4 _____

5 _____

6 _____

4 Tu vas faire ton portrait en utilisant des lieux, des objets et des personnages francophones que tu connais. Aide-toi de l'unité 2 du Livre de l'élève. Explique trois de tes réponses.

Si j'étais un(e) peintre, je serais

_____

_____

Si j'étais un(e) acteur/-trice, je serais

_____

_____

Si j'étais un(e) écrivain, je serais

Saint-Exupéry

parce que j'aime

les voyages.

Si j'étais un(e) chanteur /-euse, je serais

_____

_____

Si j'étais un(e) révolution-naire, je serais

_____

_____

Si j'étais un(e) scien-tifique, je serais

_____

_____

_____

Si j'étais un plat typique, je serais

_____

_____

Si j'étais un pays ou une ville, je serais

_____

_____

Si j'étais un souvenir de vacances passées en France, je serais

_____

_____

5 Cherche dans l'unité 2 du Livre de l'élève les contraires des mots suivants.

avant   jeune

mourir   arrêter de

richesse   mauvais

perdre   belle

....

....

....

....

6 **A.** Écoute les souvenirs de Philippe. Regarde les photos du Livre de l'élève (p. 29) et complète le tableau.

Pistes 4-5

	À quel âge ?	Où ?	Avec qui ?	Bon ou mauvais ?
Souvenir nº 1				
Souvenir nº 2				

B. Et toi ? Colle une photo-souvenir et explique ton choix.

"Ah oui, je me souviens... Quand j'avais..."

Moi, quand j'avais ... ans, _____

_____

_____

_____

_____

_____

_____

_____

_____

7 **A.** Écoute et entraîne-toi à dire ces trois virelangues.

Piste 6

Vous avez vu s'il a plu à Honolulu ?

Écoute ! Tu as entendu le hibou sur le mur ?

J'ai perdu une roue de mon jouet. Tu ne l'as pas vue rouler dans la rue ?

B. Cherche six autres mots qui contiennent le son [u] et six autres avec le son [y].

[u]
_____
_____
_____
_____
_____

[y]
_____
_____
_____
_____
_____

C. Essaie d'inventer un virelangue avec au moins quatre mots qui contiennent [u] ou [y]. Attention ! La phrase doit avoir du sens !

_____
_____
_____
_____

8 Place ces mots dans la catégorie qui convient.

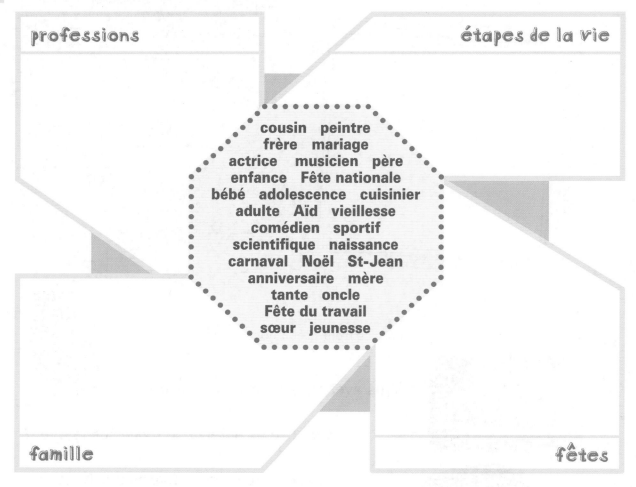

professions

étapes de la vie

cousin   peintre
frère   mariage
actrice   musicien   père
enfance   Fête nationale
bébé   adolescence   cuisinier
adulte   Aïd   vieillesse
comédien   sportif
scientifique   naissance
carnaval   Noël   St-Jean
anniversaire   mère
tante   oncle
Fête du travail
sœur   jeunesse

famille

fêtes

9 Complète les phrases avec les mots suivants : **entre ... et**, **pendant**, **à**, **en**, **le**, **quand**.

a. Mon cousin est né .... 17 mars 1995.

b. Toulouse Lautrec est né .... 1864.

c. .... 11 ans, j'ai commencé à apprendre l'anglais.

d. Mes parents ont vécu en Argentine .... huit ans.

e. Vanessa Paradis a arrêté sa carrière de chanteuse .... elle a eu son premier enfant.

f. J'ai fait des études de médecine .... 1992 .... 2000 à Bordeaux.

10 Surligne en vert les verbes qui se conjuguent avec avoir et en rouge ceux qui se conjuguent avec être. Indique la forme du participé passé.

naître → *né(e)* _____   mourir → _____   disparaître → _____

aller → _____   inventer → _____   se marier → _____

vivre → _____   partir → _____   connaître → _____

prendre → _____   découvrir → _____   rester → _____

11 **A.** Relis le texte extrait du blog de Martin (Livre de l'élève, p. 30), puis écoute ce qu'il raconte à ses amis à son retour de voyage et complète son récit.

Piste 7 **B.** Souligne les trois fausses informations et écris la vérité dans le cadre.

1	
2	
3	

Blog de Martin

J'ai .... des trucs incroyables : j'ai visité Dakar, puis avec Moussa, on est allés dans la .... voir des animaux ....

On a fait des photos, on est passés à 50 mètres des lions. Je suis même monté sur un .... Après, on est partis sur la côte pour voir des dauphins. J'ai vu une baleine morte sur la ....

J'ai .... sur le fleuve dans une barque et j'ai vu un .... du village. J'ai rencontré une fille super jolie.

Bref, ... on est allés sur le fleuve avec un .... qui a attrapé mon appareil photo tombé dans l'...............

C. Réécoute la réaction des trois amis de Martin. Coche (X) la case qui correspond au sentiment qu'ils expriment.

	Surprise	Colère	Enthousiasme
Mariane			
Thomas			
Malik			

12 Lis ces dialogues et souligne les lieux cités. Relie d'une flèche le nom représenté par le pronom **y**.

1

— Salut Frédéric. Ça va ?
— Oui, et toi ? Je vais à la bibliothèque chercher des infos sur l'Espagne.
— Pourquoi ? Tu dois faire un exposé en géographie ?
— Non, je vais **y** passer une semaine.
— Avec tes parents ?
— Non, j'**y** vais avec ma classe. On fait un échange avec un lycée d'Alicante.

2

— Maman, tu connais Jacques Brel ?
— Bien-sûr. C'est un chanteur très connu.
— Tu sais où il est né ?
— En Belgique. Mais il n'**y** est pas resté toute sa vie.
— Il est parti où ?
— Il a longtemps vécu en France.

3

— Morgane, où tu vas ?
— Valérie et Lise m'attendent pour aller au cinéma. Je les retrouve là-bas.
— Tu **y** vas à pied ou en bus ?
— En bus.
— Tu rentres à la maison pour dîner, d'accord ?
— Oui, j'**y** serai à sept heures. Ne t'inquiète pas !

2 Activités

13 Le guide de voyages *L'aventure, pourquoi pas ?* propose à ses lecteurs d'envoyer une fiche de renseignements sur leur pays ou des pays qu'ils ont visités avec des recommandations sur ce qu'on doit connaître ou voir. Remplissez-la.

L'AVENTURE, POURQUOI PAS ?

Pays:

un livre : _____

un film : _____

un(e) chanteur/-euse : _____

un(e) sportif/-ive : _____

un musée : _____

un parc d'attraction : _____

un monument : _____

un paysage : _____

un village : _____

une ville : _____

un produit typique : _____

14 A. Regarde ces photos prises au Québec. Écris six activités que tu peux faire dans cette région. Utilise le dictionnaire si nécessaire.

1. *faire du parapente*
2. _____
3. _____
4. _____
5. _____
6. _____

B. Quelles sont les choses que tu as **déjà** faites et celles que tu n'as **pas encore** faites ?

1. *Moi, j'ai déjà skié une fois.*
2. _____
3. _____
4. _____
5. _____
6. _____

15 Présente un personnage célèbre qui pourrait représenter ta région ou ton pays. Colle une photo si tu peux.

1 Complète ces phrases par *avant*, *avant de* ou *après*.

1. Et qu'est-ce que tu as fait à 20 ans ?
.... entrer à la fac, je suis parti dans
une université étrangère.

2. Bénabar, tu connais ? Eh bien, je l'ai rencontré ....
un concert extraordinaire qu'il a fait à Marseille.

3. Tu dois préparer tes bagages .... prendre l'avion.

4. Van Gogh a vécu dans la misère et n'a jamais vendu de
tableaux. Son œuvre a été reconnue .... sa mort.

5. .... arrêter sa carrière professionnelle, Zidane a
participé a la Coupe du monde de football de 2006.

2 **A.** Retrouve chaque paire formée d'un verbe à l'infinitif
et de son participe passé. Classe ces paires selon la
terminaison du participe passé.

entendu – vivre – joué – écrire – pris — croire – finir – ri –
changé – prendre – vécu – partir – jouer — fini – faire – écrit –
cru – entendre – voir – parti – changer – fait – vu – rire

É

jouer (joué)

I / IS / IT

U

B. Écris trois phrases en utilisant trois verbes de ces listes.

1. _____

2. _____

3. _____

2 Mot à mot

1 Écris 10 mots pour parler de chacun des thèmes suivants.
Vérifie avec l'unité 2 du Livre de l'élève.

1. Rédiger une biographie

_____ _____

_____ _____

_____ _____

_____ _____

_____ _____

2. Parler d'un voyage

_____ _____

_____ _____

_____ _____

_____ _____

3. Expliquer un souvenir

_____ _____

_____ _____

_____ _____

_____ _____

4. Exprimer une opinion

_____ _____

_____ _____

_____ _____

_____ _____

1 Consulte un moteur de recherche et trouve des informations sur la biographie des ingénieurs ou architectes francophones suivants et une de leurs œuvres.

Présente ton travail sur une affiche.

André Citroën et l'automobile

Pierre Paul Riquet et le Canal du Midi

Jean Nouvel et l'Opéra de Lyon

Gustave Eiffel et la Tour Eiffel

2

MON PORTFOLIO

1 Classe ces phrases par ordre croissant d'importance.

- a. maintient la discipline et est autoritaire.
- b. a un excellent niveau de la langue qu'il enseigne.
- c. fait participer tous les élèves.
- d. est juste avec tous les élèves.
- e. explique une autre fois quand on ne comprend pas.
- f. explique clairement les choses / les leçons.
- g. est patiente.
- h. est forte en grammaire.
- i. est amusante.
- j. corrige toutes les fautes.

UN BON PROFESSEUR EST UNE PERSONNE QUI...

10 _____
9 _____
8 _____
7 _____
6 _____
5 _____
4 _____
3 _____
2 _____
1 _____

2 À ton tour complète ce graphique par ordre croissant d'importance.

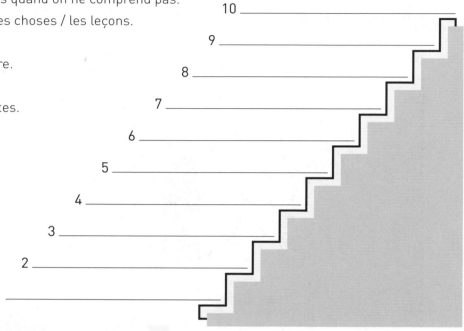

UN BON ÉLÈVE, C'EST...

10 _____
9 _____
8 _____
7 _____
6 _____
5 _____
4 _____
3 _____
2 _____
1 _____

Et avant, c'était comment ?

Colle, dessine, écris... tout ce que tu veux. Cette page est pour toi !

1 Décris ces personnes. Tu peux t'aider du vocabulaire du Livre de l'élève et du dictionnaire.

Le garçon porte un blouson en cuir et...

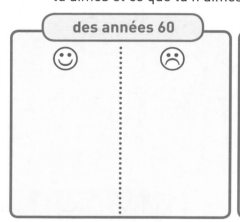

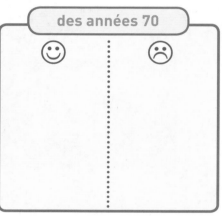

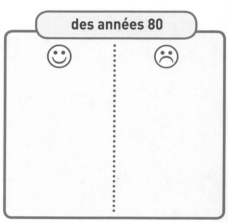

2 Relis les informations du Livre de l'élève (p. 40) et dis ce que tu aimes et ce que tu n'aimes pas...

des années 60		des années 70		des années 80	
☺	☹	☺	☹	☺	☹

3 À l'aide des textes du Livre de l'élève (p. 40), trouve les incohérences ! Ensuite, écris des phrases en plaçant les éléments de façon cohérente.

Dans les années 60, Sylvie a vu le film *Le Père Noël est une ordure* et l'opéra rock *Starmania.* Elle portait des jeans et des t-shirts blancs. Avec ses copines, elle écoutait Madonna.
Dans les années 70, elle a milité au MLF. Au cinéma, elle a vu *Les bronzés 2* et *La guerre des étoiles*. Elle s'est intéressée de près au mouvement Greenpeace.
Dans les années 80, elle a lu beaucoup d'articles sur Lady Di. Elle adorait le disco et discutait beaucoup de l'abolition de la peine de mort avec ses copains.
En 2003, elle est allée au premier festival des Francofolies, à La Rochelle.

Elle n'a pas pu voir le film « Le Père Noël est une ordure » dans les années 60 parce qu'il est sorti dans les années 80.

4   **A.** Écris ces dates en chiffres et ces siècles en chiffres romains. Ensuite, associe les dates au siècle qui convient.

Deux mille huit	*2008*	....	Dix-neuvième siècle
Mille sept cent quatre-vingt-neuf	....	....	Vingtième siècle
Mille six cent trente-cinq	....	....	Vingt-et-unième siècle
Mille neuf cent soixante-douze	....	....	Neuvième siècle
Huit cent	....	....	Dix-septième siècle
Mille huit cent quatre-vingt-neuf	....	....	Dix-huitième siècle

B. Maintenant, relie ces phrases à une image puis, à l'aide d'Internet, complète le tableau.

Le cardinal Richelieu fonde l'Académie française

Charlemagne est couronné empereur

L'Airbus 380 vole pour la première fois

Les XXᵉ JO se sont tenus en Grèce

La Révolution française

LE
DICTIONNAIRE
DE
L'ACADÉMIE
FRANÇOISE,
DEDIÉ AU ROY.
TOME PREMIER.
A–L

A PARIS,
Chez la Veuve de JEAN BAPTISTE COIGNARD, Imprimeur ordinaire du Roy, & de l'Académie Françoise, ruë S. Jacques, à la Bible d'Or.
ET
Chez JEAN BAPTISTE COIGNARD, Imprimeur & Libraire ordinaire du Roy, & de l'Académie Françoise, ruë S. Jacques, ruë S. Severin, au Livre d'Or.
M. DC. LXXXXIV.
AVEC PRIVILEGE DE SA MAJESTÉ.

Arrivée de Jacques Cartier au Québec

Événement	Date	Siècle
Charlemagne empereur	*800*	*IXᵉ*

5 **A.** Écris trois événements importants qui se sont produits dans ton pays...

dans les années 80 : _____

_____

dans les années 90 : _____

_____

l'année dernière : _____

_____

B. Écris un petit texte pour raconter ce qui était à la mode quand tes parents avaient ton âge.

Quand mes parents avaient mon âge, ...

....

....

....

....

C. Complète les phrases avec les connecteurs :

et aussi
en plus
par contre
au contraire

Dans les années 60, les garçons portaient les cheveux longs .... des blousons en cuir.

Dans les années 80, les filles faisaient de l'aérobic, ... les garçons préféraient jouer au foot.

Dans les années 70, les jeunes allaient beaucoup au cinéma et .... c'était la mode des discothèques.

Dans les années 90, malgré les nombreuses boutiques de fringues* BCBG, certains ados, ..., choisissaient de s'habiller avec des vêtements usagés ou déchirés, style grunge.

* fringues : vêtements en français familier.

6 Écoute le texte sur les activités commerciales des Gaulois et indique si ces affirmations sont vraies (V), fausses (F) ou si « on ne sait pas » (?).

Piste 8

	F	V	?
Les Gaulois naviguaient sur des bateaux à voile.	○	○	○
Ils utilisaient essentiellement les fleuves pour le transport des marchandises.	○	○	○
Les Romains étaient leurs principaux clients.	○	○	○
Ils vendaient du vin, de l'huile et des poteries.	○	○	○
Lyon et Marseille étaient de grands centres commerciaux.	○	○	○

Activités

7 À partir des définitions suivantes, complète cette grille sur les Gaulois.

Alésia
Astérix
Bourgogne
cervoise
César
druides
foires
Gaule
guerriers
gui
Lyon
rivière
sanglier
tribu
Vercingétorix
village

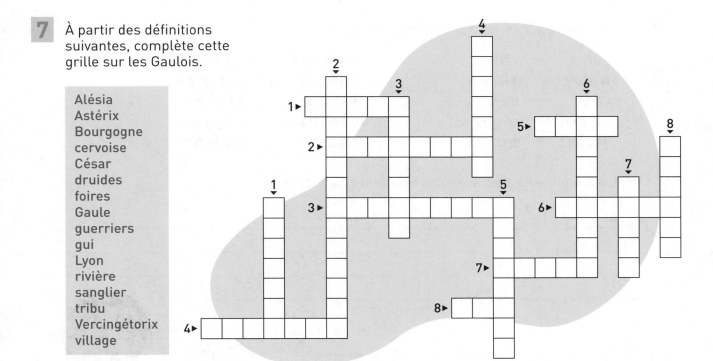

Horizontal :
1. Célèbre empereur romain qui a vaincu les Gaulois.
2. Boisson gauloise qui ressemble à la bière.
3. Hommes de guerre.
4. Célèbre personnage gaulois de BD puis de cinéma.
5. Nom actuel de *Lugdunum* sur le Rhône.
6. Lieux où les Gaulois vendaient leurs produits.
7. Nom du territoire où vivaient les Gaulois.
8. Plante sacrée des Gaulois.

Vertical :
1. Petite ville.
2. Personnage historique et mythique pour les Gaulois et les Français.
3. Les Gaulois y pêchent.
4. Prêtres gaulois.
5. Animal très apprécié dans les banquets gaulois.
6. L'une des régions françaises actuelles où vivaient les Gaulois.
7. Ensemble de familles regroupées autour d'un chef.
8. Importante défaite gauloise contre les Romains.

8 Complète les phrases avec les expressions de temps suivantes : **maintenant, pendant, quand, à ce moment-là, à cette époque**

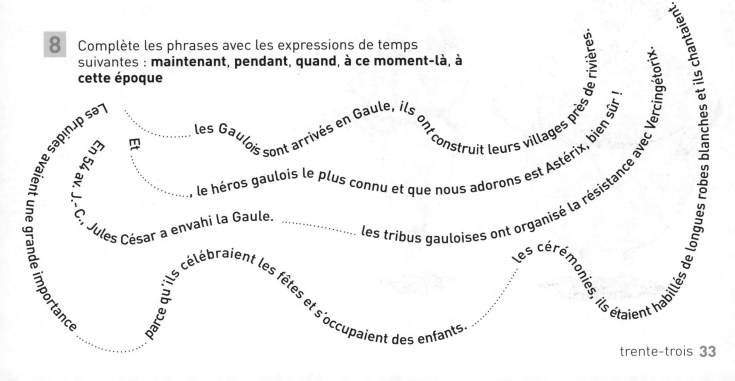

3 Activités

9 **A.** Écoute et entoure les mots que tu entends.

Piste 9

sans	– chant	cassette	– cachette
tasse	– tâche	chaque	– Jacques
chez	– ses	laisser	– lécher
pichet	– piger	pencher	– penser
Michel	– missel	tousser	– toucher

B. Écris 4 phrases avec au moins trois mots qui contiennent le son [ʃ].

_____

_____

_____

_____

10 Écris les différences et explique les changements. Regarde bien les dessins et utilise le vocabulaire de la liste.

maigrir / grossir
être gros / mince
porter des lunettes
se faire couper les cheveux
se faire friser les cheveux
se laisser pousser ses cheveux
avoir les cheveux longs / courts
grandir
être plus / moins élégant
changer de style

Malik

Avant

Maintenant

Avant, Margot était...

Margot

Avant

Maintenant

Activités

3

11 Écoute cette conversation entre Pierre et Antoine. Ils parlent du texte sur Tautavel (Livre de l'élève, p. 46) mais ils n'ont pas compris la même chose. Rétablis les informations correctes.

Piste 10

	Pierre affirme que...	Mais le texte dit que...
On a découvert		
On les a découvert près de		
Le nom de l'homme est		
Le nom du village est		
La taille		
L'âge		
La fresque représente		

12 Lis «Le labyrinthe de l'histoire » dans le Livre de l'élève (p. 46). Peux-tu écrire d'autres phrases ? Tu peux demander à ton professeur d'histoire de t'aider.

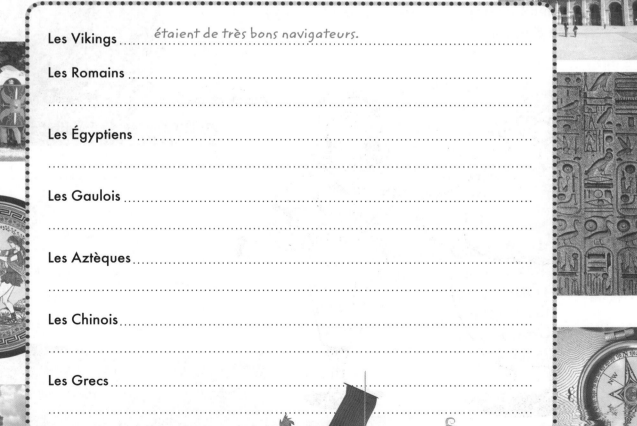

Les Vikings *étaient de très bons navigateurs.* ....

Les Romains ....

....

Les Égyptiens ....

....

Les Gaulois ....

....

Les Aztèques ....

....

Les Chinois ....

....

Les Grecs ....

....

13 L'histoire du chocolat : les 5 paragraphes de cette histoire ne sont pas dans l'ordre. Retrouve le bon ordre du texte et note les numéros.

L'histoire du chocolat

I La boisson au chocolat est d'abord considérée comme un médicament plein d'énergie, excellente contre le mal d'estomac et les rhumes. Ensuite, vers la fin du XVIᵉ siècle, cette boisson est appréciée dans les salons aristocratiques, surtout quand elle est parfumée à la vanille ou au miel.

2 En 1502 pour la première fois, Christophe Colomb voit cette plante étrange sans comprendre sa valeur. Mais, des années plus tard, le conquistador espagnol Hernán Cortés ramène la plante en grand secret à la cour d'Espagne, en 1528.

3 Au XXᵉ siècle, c'est l'Afrique qui devient le plus gros producteur de cacao ; cela permet la démocratisation du chocolat qui maintenant fait partie de notre alimentation courante.

1	2	3	4	5

4 Les Mayas et les Aztèques considéraient le cacao comme un produit précieux. Ils offraient des graines de cacao aux dieux et ils les utilisaient aussi comme monnaie. C'était aussi une boisson sacrée associée à la légende du dieu Quetzalcóatl qui protégeait le peuple aztèque.

5 Grâce au mariage de Louis XIII avec la princesse espagnole Anne d'Autriche en 1615, la boisson chocolatée arrive en France.

La grammaire, c'est facile !

1 **A.** Complète le texte avec les symboles qui représentent les temps puis écris dans ta langue le verbe équivalent au temps qui convient.

⊙ Présent   ⊗ Imparfait   ○→ Passé composé

L'HISTOIRE DE LA POMME DE TERRE

1. Les habitants des Andes péruviennes _____ (**cultiver**) déjà la pomme de terre près de 1000 ans av. J.-C. Introduite en Espagne en 1534, les moines de Séville l'_____ (**utiliser**) pour nourrir les personnes malades.

....

....

2. En France, en 1769, Antoine Parmentier _____ (**élargir**) son usage à toutes les couches de la société française et le roi Louis XVI l' _____ (**féliciter**) ainsi : « La France vous remerciera un jour d'avoir inventé le pain des pauvres ».

....

....

3. Et puis, son emploi dans la cuisine populaire s'_____ (**développer**) très rapidement.

....

4. Aujourd'hui, dans le monde, la production annuelle _____ (**être**) d'environ 300 millions de tonnes, pour une surface cultivée supérieure à 200 000 km². Tout le monde _____ (**apprécier**) ce légume sous forme de frites, de pommes dauphine, en robe des champs, …

....

....

B. Complète ce tableau.

Quand en français on utilise le/l'	dans ma langue j'utilise…
passé composé,	
imparfait,	
présent,	

C. À quelle couleur et à quelle image identifies-tu chaque temps ?

Temps	Couleur	Image
Présent		
Imparfait		
Passé composé		

1 Mets les mots suivants dans l'ordre alphabétique puis complète la grille. Ensuite, colle une image pour illustrer la définition.

agriculture   fabriquer   commerce
céréales   tissu   paysans   marchandises

❶ agriculture

Nature du mot
Nom, féminin, singulier

Définition
Art de cultiver la terre.

Traduction dans ma langue
Landwirtschaft

❷ ....

Nature du mot

Definition

Traduction dans ma langue

❸ ....

Nature du mot

Définition

Traduction dans ma langue

❹ ....

Nature du mot

Définition

Traduction dans ma langue

❺ ....

Nature du mot

Définition

Traduction dans ma langue

❻ ....

Nature du mot

Définition

Traduction dans ma langue

❼ ....

Nature du mot

Définition

Traduction dans ma langue

2 Associe un verbe de la colonne A à un mot de la colonne B. Écris une phrase avec chaque combinaison trouvée.

A
construire
organiser
vendre
compléter
fabriquer
inventer

B
des outils
une histoire
des routes
des marchandises
une fête
un exercice

_____
_____
_____
_____
_____
_____
_____
_____
_____

1 Connecte-toi sur le site : http://whc.unesco.org/fr

– Ouvre l'onglet « Le patrimoine mondial ».

– Dans la marge à gauche, tu vas trouver « Les états parties ».

– Dans « Les états parties », clique dans la liste des pays sur le lien « France ».

– Et maintenant, à toi de chercher dans les « Biens culturels inscrits sur la Liste du patrimoine mondial » les monuments construits par les Romains. Combien en as-tu trouvé ? Place-les sur la carte de France.

MON PORTFOLIO

1 **A.** Lis ce poème de Raymond Queneau.

Raymond Queneau (1903-1976) est un romancier, un poète et un dramaturge français ; il est devenu célèbre grâce à son roman *Zazie dans le métro* paru en 1959.

Il fréquente d'abord pendant quelques années le groupe des surréalistes puis il est co-fondateur d'un mouvement littéraire appelé *Oulipo*.

III

Bien placés bien choisis
quelques mots font une poésie
les mots il suffit qu'on les aime
pour écrire un poème
on sait pas toujours ce qu'on dit
lorsque naît la poésie
faut ensuite rechercher le thème
pour intituler le poème
mais d'autres fois on pleure on rit
en écrivant la poésie
ça a toujours kékchose d'extrême
un poème

Raymond Queneau, « Bien placés bien choisis... » in « Pour un art poétique » recueilli dans *L'instant fatal*, © Éditions Gallimard.

B. Maintenant, réponds aux questions suivantes.

1.a. En général, à quoi servent les mots ?
Les mots servent à :

☐ écrire.   ☐ parler.   ☐ se taire.   ☐ courir.   ☐ téléphoner.

☐ manger.   ☐ écouter.   ☐ sentir.   ☐ lire.   ☐ comprendre.

1.b. Complète la phrase.
Les mots servent à écrire des poèmes, des ....
....

2. Relis le poème. Selon Queneau, comment doivent être les mots pour faire un poème ?...
....

3. Ce poème te fait-il rire ou pleurer ? Peux-tu dire pourquoi ?.....................
....

4. « Kékchose » : que veut dire ce mot ? Recherche-le dans un dictionnaire : le trouves-tu ? Pourquoi ? ....
....

5. As-tu un dictionnaire personnel ? ....
....

6. Quel dictionnaire préfères-tu utiliser : le monolingue ou le bilingue ? Pourquoi ? ....
....

7. Quand tu n'as pas de dictionnaire et que tu veux savoir le sens d'un mot, que fais-tu ?

   a. Tu lis le contexte pour avoir une première idée du sens.
   b. Tu réfléchis si ce mot ressemble à un mot de ta langue.
   c. Tu réfléchis si ce mot ressemble à une autre langue que tu connais.
   d. Tu fais ces trois choses, l'une après l'autre.

8. Comment apprends-tu un mot nouveau ?

   a. Tu l'apprends oralement en l'associant à une situation.
   b. Tu l'apprends par cœur.
   c. Tu l'associes à un mot de ta langue.
   d. Tu l'écris.

UNITÉ 4

La pause pub

Colle, dessine, écris... tout ce que tu veux. Cette page est pour toi !

1 **A.** Tu travailles dans une agence de publicité et tu dois choisir une photo et un slogan pour...

– des chaussures de sport ;

– un centre de vacances pour ados ;

– une boisson ;

– un restaurant végétarien.

A *Bon, frais, naturel ! À consommer sans modération !*

B *Bien dans tes pompes ? À toi, tous les sports !*

C *Manger bio, manger bien, manger végétarien !*

D *Pour un été différent et plein d'aventures !*

3

4

1

2

Chaussures de sport :		
Centre de vacances :		
Boisson :		
Restaurant végétarien :		

B. Maintenant, choisis deux slogans de l'activité A et prépare tes propres affiches. Découpe des photos dans des magazines et propose d'autres slogans.

2 **A.** Recopie les slogans de l'activité 2 du Livre de l'élève (p. 51) et complète les infinitifs.

Slogans	Infinitif
Lave-les tous les jours si tu veux !	L <u>a v e r</u>
	D _ _ _
	Déc_ _ v_ _ _
	S_ pr_par_ _
	Vi _ _ _ D_ _ _ _ _
	E_ _ _ _ _
	O_ bl_ _ _

B. Maintenant écris de nouveaux slogans avec chacun de ces verbes.

1 ....

2 ....

3 ....

4 ....

5 ....

6 ....

7 ....

8 ....

3 Que signifient ces panneaux ? Fomule les interdictions de deux manières différentes.

Eau non potable.
Ne pas boire l'eau.

4 Dessine le panneau qui correspond à chaque situation.

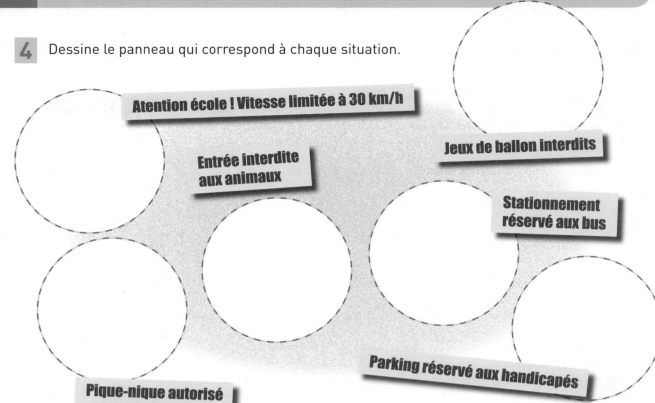

Atention école ! Vitèsse limitée à 30 km/h

Entrée interdite aux animaux

Jeux de ballon interdits

Stationnement réservé aux bus

Pique-nique autorisé

Parking réservé aux handicapés

5 Les parents répètent souvent la même chose ! Et chez toi, quelles sont les choses que tu entends le plus ? Qu'est-ce que tu ne peux pas faire ? Qu'est-ce que tu dois faire ? Fais une liste la plus longue possible avec des impératifs affirmatifs ou négatifs.

Sois gentil aujourd'hui mon chéri !

HORAIRES : Rentre avant sept heures ! Ne te couche pas trop tard !

REPAS :

CHAMBRE :

VÊTEMENTS :

ÉCOLE :

AMIS :

AUTRES :

6 **A.** Tu es comment, toi ? Souligne les adjectifs auxquels tu t'associes le plus. Consulte un dictionnaire si tu n'es pas sûr(e) de leur sens.

Nature ☐   **Rebelle** ☐

Coquet(te) ☐

Incroyable ☐

Fascinant(e) ☐

Classique ☐

Courageux/euse ☐

Charmeur/euse ☐   Aventurier/ière ☐

B. Maintenant, fais des phrases pour décrire le caractère des personnes que tu connais. Tu peux t'aider des adjectifs ci-dessus ou d'autres que tu connais.

Coquet(te) *Ma voisine est très coquette : elle fait très attention à ses vêtements.*

Charmeur/euse

Classique

Nature

Rebelle

Aventurier/ière

Courageux/euse

Fascinant(e)

7 Relis les textes du « dossier spécial pub » (Livre de l'élève, p. 52-53) et dis si ces phrases sont vraies ou fausses ? Rétablis la vérité quand elles sont fausses.

1. Faux – La publicité est présente partout autour de nous.

	Vrai	Faux
1. Il y a peu de publicité dans notre environnement.		X
2. Il y a des règles à respecter pour faire une pub destinée aux ados.		
3. Les ados adorent qu'on les caricature.		
4. Les ados aiment beaucoup les pubs.		
5. Les vêtements, les sports et la musique sont des thèmes à éviter.		
6. Les ados aiment se ressembler à l'intérieur d'un groupe.		
7. Les marques proposent beaucoup de produits personnalisables.		
8. Distribuer des échantillons ne fonctionne pas du tout.		
9. Un produit se vend mieux quand il est recommandé par un ami.		
10. Internet est un support efficace en publicité.		
11. Les ados ont peu d'exigences et restent longtemps fidèles à une marque.		
12. Les pubs cherchent seulement à nous vendre des produits.		

4 Activités

8 **A.** Voici quelques objets que tu peux trouver dans le catalogue de la boutique *« Les objets en folie ».* Fais leur description et donne-leur un nom. Trouve aussi un slogan pour chacun d'eux.

....
....
....
....

▶ ....

....
....
....
....
....

▶ ....

....

LES OBJETS EN FOLIE

....
....
....
....

▶ ....

....
....
....
....

▶ ....

B. À toi ! Invente un objet incroyable et fais sa description.

....
....
....
....
....
....

9 Tu sais que les pronoms s'utilisent pour éviter les répétitions.
Réécris ces textes en utilisant les pronoms nécessaires.

Le nouveau portable Samkia XC919 nouvelle génération est enfin arrivé ! Vous allez adorer *le nouveau portable Samkia* car *le nouveau portable Samkia* est petit, pratique et surtout *le nouveau portable Samkia* a une capacité de stockage impressionnante et de nouvelles fonctions hallucinantes ! Utilisez *le nouveau portable Samkia* pour emmener partout avec vous vos chansons, vos vidéos, vos photos… Demandez aussi *au nouveau portable Samkia* d'enregistrer vos rendez-vous, de chercher automatiquement un numéro… Programmez *le nouveau portable Samkia* pour enregistrer un film et regardez-le plus tard. Et puis, donnez *au nouveau portable Samkia* un nouveau look chaque fois que vous en avez envie grâce aux sept coques offertes pour tout achat avant la fin du mois.

> Le nouveau portable Samkia XC919 nouvelle génération est enfin arrivé ! Vous allez l'adorer car…

- Tu as vu la nouvelle élève ?
- Non, pas encore. Je n'ai toujours pas vu *la nouvelle élève*.
- Elle s'appelle Fatiha. Tu dois absolument connaître *la nouvelle élève*.
- D'accord, mais comment je fais pour connaître *la nouvelle élève* ?
- Eh bien, c'est facile. Je te présente *la nouvelle élève* cet après-midi.

10

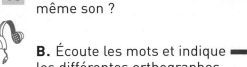

Pistes 11-13

A. Entends-tu deux fois le même son ?

	0	1	2	3	4	5	6	7
Oui	X							
Non								

B. Écoute les mots et indique les différentes orthographes possibles.

0	ne	nez	né	née
1	tes	thé	te	thés
2	tes	thé	te	thés
3	dîner	dînez	dînes	dîne
4	dés	des	de	dé
5	regarde	regardez	regardes	regardé
6	se	ses	ces	ce
7	se	ses	ces	ce

Quelles sont les orthographes possibles pour le son [e] ?

....

Et pour le son [ə] ?

....

C. Tu entends le son [e] ou le son [ə] ? Tu peux écrire ces mots ?

	[e]	[ə]	
0	X		télévision
1			
2			
3			
4			
5			
6			
7			

4 Activités

11 Es-tu un consommateur responsable ? Fais ce test et tu auras la réponse.

Quel consommateur es-tu ?

		Oui	Non	Parfois
1	En général, j'achète seulement les choses dont j'ai vraiment besoin.			
2	Quand je fais un cadeau, je choisis des marques connues qui passent à la télé.			
3	Je change de portable chaque fois qu'un nouveau modèle sort.			
4	Si j'entre dans une boutique où il y a des choses que j'aime bien, je ne peux pas m'empêcher d'acheter quelque chose.			
5	Quand je ne sais pas quoi offrir, je choisis n'importe quoi et finalement, j'achète toujours des choses inutiles.			
6	Quand une chose me plaît beaucoup, je ne résiste pas, je l'achète même si je n'en ai pas besoin.			
7	Je ne regarde pratiquement jamais dans quel pays a été fabriqué ce que j'achète.			
8	Les cadeaux, je les achète toujours. Je ne les fais jamais moi-même.			
9	Je ne connais pas mes droits en tant que consommateur.			
10	J'aime aller dans des boutiques où il y a de la musique et des couleurs. Les vitrines aussi sont importantes.			

Compte tes points :
Chaque réponse OUI vaut 6 points ; chaque réponse NON vaut 2 points ; chaque réponse PARFOIS vaut 3 points.

Moins de 12 points
Consommateur responsable

Tu achètes seulement les choses qui sont nécessaires et tu fais attention à ce que tu dépenses. Tu cherches toujours les meilleurs prix. Tu es un consommateur ou une consommatrice conscient(e) et responsable. Bravo ! Continue comme ça et ne te laisse pas influencer !

De 12 à 24 points
Consommateur modéré

Tu essaies de ne pas remplir ta maison de choses inutiles et de ne pas craquer chaque fois qu'une chose te fais envie. De temps en temps, tu craques et tu te fais plaisir. Tu essaies aussi de bien gérer ton argent et de ne pas dépenser plus que ce que tu peux. Fais attention à ne pas céder trop souvent à tes envies, sinon tu risques de perdre le contrôle.

De 24 à 45 points
Consommateur capricieux

Parfois tu te contrôles, mais c'est très dur pour toi de résister aux tentations. Tu passes une grande partie de ton temps libre dans les boutiques. Souvent, tu achètes des choses dont tu n'as pas besoin et en plus, tu ne fais pas attention au prix.
Essaie de changer tes habitudes et d'acheter les choses vraiment nécessaires. Comme ça, si tu te fais un petit plaisir de temps en temps, tu l'apprécieras encore plus.

Plus de 45 points
Consommateur impulsif

Attention, DANGER !!! Tu es absolument incapable de résister à tes envies ! Le problème est que tu as envie de tout ce que tu vois ! Tu connais toujours les dernières nouveautés avant tout le monde et tu ne sais pas vivre sans acheter. Tu te laisses beaucoup influencer par la publicité et tu penses que tu contrôles la situation. En es-tu sûr(e) ? Change de comportement sinon tu risques de perdre ta liberté.

1 **A.** Combien de pronoms connais-tu maintenant ? Complète les colonnes suivantes et colorie chaque colonne d'une couleur différente.

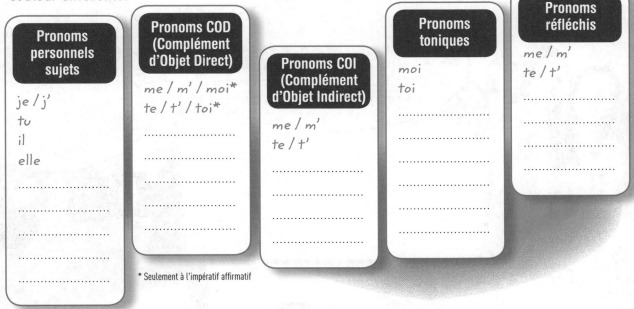

Pronoms personnels sujets	Pronoms COD (Complément d'Objet Direct)	Pronoms COI (Complément d'Objet Indirect)	Pronoms toniques	Pronoms réfléchis
je / j'	me / m' / moi*	me / m'	moi	me / m'
tu	te / t' / toi*	te / t'	toi	te / t'
il	....	....	....	....
elle	....	....	....	....
....	....	....	....	....
....	....	....	....	....
....				
....				

* Seulement à l'impératif affirmatif

B. Maintenant, lis ces phrases et colorie les pronoms avec les mêmes couleurs que dans le A.

1. Salut, je m'appelle Alice. J'habite en Bretagne avec mes parents. Ils ont une crêperie à Carnac. Le week-end, je les aide au service. En semaine, après les cours, je vais chez une copine. Avec elle, on fait les devoirs et on parle beaucoup !

2. • Dis-moi où je les mets ces fleurs, s'il te plaît.
○ Mets-les dans un vase, là, sur la table.

3. Cette semaine, c'est l'anniversaire de mariage de mes grands-parents. On va leur faire une surprise : nous allons leur offrir un voyage en Egypte. J'espère que ça leur plaira.

4. Et Alix et Léa ? Tu les invites à la fête, non ? Si tu veux, je peux leur téléphoner ou alors je te donne leur numéro et c'est toi qui les appelles.

5. Moi, je préfère me doucher avant de prendre le petit-déjeuner. Mon frère, lui, c'est le contraire, il déjeune et après il se lave et il se prépare.

6. Vous voulez venir avec nous au concert la semaine prochaine? Donnez-moi vite une réponse. Les entrées, je vais les acheter demain matin.

7. Vous lui avez annoncé la bonne nouvelle ? Alors ? Il est content ?

C. Observe les phrases suivantes. Que remarques-tu ? À ton avis, pourquoi la forme du participe passé a changé ?

• Tu as vu la vidéo de cette chanson ?
○ Oui, je l'ai vue, elle est super !

• Marc vient à la maison voir le dernier film de Spielberg. Pierre l'a invité.
○ Et Coralie ?
• Je pense que oui. Il l'a invitée aussi.

....
....
....
....

4 Mot à mot

1 Es-tu un bon publicitaire ? Lis ces phrases et transforme-les en slogans publicitaires convaincants.

Si tu aimes les vêtements modernes et sympas, tu peux venir nous voir dans notre boutique Chapsy, il y en a toujours une près de chez toi ! Nos articles sont très originaux et nos prix très intéressants.

Eh, les gars ! Si vous voulez, vous pouvez acheter cette caméra numérique à un prix plus économique que sur le marché. Elle est performante et pas chère. Vous allez pouvoir faire de super films avec !

Si tu veux apprendre le français, viens dans notre école ! Elle est un peu loin de Paris, mais les tarifs ne sont pas trop chers. En été, c'est toujours complet ; il y a plein de jeunes qui viennent, alors il faut faire ta réservation assez tôt.

2 Cherche dans cette unité deux mots de chaque type.

Mots positifs

Mots négatifs

Mots romantiques

Mots sexistes

Mots qui font peur

1 **A.** Connecte-toi sur le site du Musée de la publicité à Paris et réponds à ces questions.

Où se trouve-t-il ? ....

Quand est-il ouvert ? ....

Combien coûte l'entrée ?
   – si tu y vas seul : ....

   – si tes parents t'accompagnent : ....

Que penses-tu des prix ? C'est cher ? ....

....

Quelle exposition propose le musée actuellement ? ....

....

Quelles sont les expositions à venir ? ....

Quelle exposition aimerais-tu voir ? Pourquoi ? ....

....

B. Choisis un métier de la publicité qui te paraît intéressant et explique avec tes mots en quoi il consiste. Tu peux aussi le faire dans ta langue.

....

....

C. Cite le nom d'un affichiste et colle à côté une de ses affiches qui te plaît. Indique de quelle année elle est.

D. Colle ou dessine une affiche d'époque. Indique son année et le produit qu'elle annonce.

AFFICHISTE : _____
ANNÉE : _____

ANNÉE : _____
PRODUIT : _____

1 **A.** Imagine, écris et dessine les slogans pour les annonces suivantes. Si tu veux, tu peux aussi utiliser des coupures de journaux ou de magazines.

Une campagne pour étudier les langues

Un manuel de français amusant

Mieux apprendre le français

Un bon professeur

B. Est-ce que tu interdirais quelque chose pour apprendre une langue étrangère de manière efficace ? Quelle affiche accrocherais-tu dans la classe ?

IL EST INTERDIT DE ...

Vas-y, raconte !

Colle, dessine, écris... tout ce que tu veux. Cette page est pour toi !

1 Écris tous les mots que tu peux associer aux images ci-contre. Attention : il y a plusieurs réponses possibles.

> police, article, journaliste, ambulance, interview, cris, blessés, victime, héros, correspondant, questions, entrées, explosion, lieux, informations, salle, médecin, témoins.

2 **A.** Regarde cette image. Quels sont les 10 mots qu'elle évoque pour toi ? Écris-les.

1 _____	6 _____
2 _____	7 _____
3 _____	8 _____
4 _____	9 _____
5 _____	10 _____

B. Écoute à présent ce reportage radiophonique, puis choisis le titre qui illustre le mieux l'événement qu'il rapporte.

Piste 14

VIOLENTE EXPLOSION À NICE : DEUX BLESSÉS.
Les médecins se veulent rassurants.

DEUX BLESSÉS GRAVES DANS UNE EXPLOSION À NICE.
Les témoins affirment que les secours ont mis du temps à arriver sur les lieux.

UN IMMEUBLE EN FLAMMES À NICE APRÈS UNE FORTE EXPLOSION.
L'intervention immédiate des secours évite qu'on déplore des victimes.

C. Lis la transcription du reportage de Gérard Dupuis et complète-la avec des mots de l'exercice 1.

> Il était 9 heures ce matin quand la _____ a reçu un appel téléphonique d'une passante pour donner l'alarme. Une _____, très forte, venait de se produire en plein centre-ville, à une heure particulièrement fréquentée. _____, pompiers et SAMU sont immédiatement arrivés sur les _____ et ils ont pu constater qu'il s'agissait certainement d'une _____ de gaz dans un vieil immeuble situé tout près de la mairie. Heureusement, il n'y avait presque personne dans le bâtiment et les habitants de l'appartement où s'est produite l'_____ n'ont été que légèrement _____. Le SAMU les a immédiatement évacués vers l'hôpital le plus proche. Les _____, avec qui j'ai pu parler, m'ont confirmé que l'_____ a été particulièrement violente. Les _____, une vieille dame et son petit-fils, sont en observation, mais leurs jours ne sont pas en danger selon les _____. Gérard Dupuis, pour Radio Infoplus Nice.

Activités

3 **A.** Forme les adverbes à partir de l'adjectif au féminin. Consulte le Précis grammatical du Livre de l'élève.

nerveux ▶	nerveuse → nerveusement
tranquille ▶	
entier ▶	
actif ▶	
léger ▶	
complet ▶	
heureux ▶	
lent ▶	

B. Écris quatre phrases avec certains des adverbes de la liste précédente.

1 _____

2 _____

3 _____

4 _____

4 Raconte l'histoire de Max en écrivant une phrase pour chaque image.

À 4 h, Max a envoyé un SMS à Zaïra pour aller au Parc des oliviers.

5 Lis ce bulletin météo. Souligne les adverbes qu'il contient et écris l'adjectif à partir duquel on les forme.

Comme vous allez le constater dans les heures à venir, le temps va <u>rapidement</u> changer à partir de l'Ouest où le ciel, encore partiellement dégagé, va très vite se couvrir en fin de matinée pour faire place à des nuages accompagnés de pluies qui tomberont tout d'abord faiblement pour se transformer en grosses averses. C'est ensuite un ciel complètement noir que nous allons avoir sur toute la moitié nord du pays alors que dans le sud, le temps sera particulièrement ensoleillé jusqu'en milieu d'après-midi. Les températures vont lentement remonter pour atteindre les normales saisonnières après cette vague de froid qui s'est anormalement installée sur le pays depuis la semaine dernière.

rapidement ➜ rapide

.... | ....
.... | ....
.... | ....

6 Tu te rappelles les explications de Max ? Complète ce texte avec les mots proposés. Ensuite, écoute les explications de Max pour vérifier si tes réponses sont correctes.

Piste 15

n'avais pas peur

posaient

ai laissé   sentais

as fait   suis assis

ai vu   ~~a commencé~~

est passé   volais

criaient

bras
journalistes
bizarre
policier
journal
enfants
photo
tigre
chemise
gens

● Alors, vas-y raconte !

○ Ouais, ben… On était en train de marcher tranquillement, Zaïra et moi, au bord du lac quand…

● Quand quoi ?

○ Eh ben… Quand on *a commencé* à voir les _____ qui couraient… Ils avaient l'air effrayé ! Et c'est à ce moment-là que j'_____ le tigre…

● Un_____ ! Vous avez dû avoir très peur !?

○ En fait, je sais pas trop ce qui s'est passé… J'ai commencé à me sentir tout bizarre, j'avais pas peur.

● Et tu _____ avec le tigre devant toi ? Et Zaïra ?

○ Ben, justement… J'ai vu qu'elle était par terre… Alors, je l'ai prise dans mes _____ . Je _____ pas son poids, je me sentais très fort.

● Et alors ?

○ Ben, j'avais l'impression de voler... Je _____ comme si j'avais des ailes !

● Et les gens ?

○ C'était la panique ! Les mamans _____, les _____ pleuraient... J'_____ Zaïra avec un _____ et je me _____ sur un banc... Tout était _____ autour de moi...

● Et qu'est-ce que tu _____ ?

○ Attends, à ce moment-là, il y avait plein de _____ autour de moi et ils me _____ plein de questions... Tiens, regarde la _____ qui est sortie dans le _____ .

● Dis donc, c'est quoi cette _____?

○ Ben... justement, je sais pas, j'ai pas de chemise comme ça, moi. J'comprends pas ce qui s'_____ .

7 Consulte le Précis grammatical du Livre de l'élève et complète ces phrases à l'aide des pronoms COD et COI.

a. Et Zaïra, tu .... as laissée avec la police ?

b. Regarde le tigre, sur cette photo, tu .... vois bien !

c. Je ne me rappelle de rien. Pose-..... des questions pour .... aider à me souvenir !

d. Les gens dans le parc, qu'est-ce qu'ils faisaient ? Moi, je .... ai vus courir.

e. Quand le policier .... a posé des questions, tu .... as dit quoi ?

f. Une femme criait : « aidez-......... à sortir ! »

g. Sur cette photo, j'ai une drôle de chemise, c'est la première fois que je .... vois !

h. Quand je vais revoir mes copains, j'aurai beaucoup de choses à .... raconter !

i. Et ...., Polo, tu n'as pas quelque chose de nouveau à .... raconter ?

j. .... ? Non, enfin si, mais c'est un peu banal par rapport à ce que ...., tu as fait !

8 Lis la transcription de l'interview de Sylvain (Livre de l'élève, p. 69) et note les verbes à l'imparfait et au passé composé et leur infinitif dans le tableau ci-dessous.

Passé composé	Infinitif	Imparfait	Infinitif
s'est passé	se passer	avait	avoir

9 Raconte en une dizaine de lignes ce qui est arrivé à Sylvain en employant obligatoirement :

a) deux adverbes en **-ment** (en plus de celui de l'exemple).

b) ces cinq mots : **tempête, ombre, bateau, pirate, pièces d'or**.

Sylvain était tranquillement en train de se promener au bord de l'eau.

10 Aide le détective à trouver 11 connecteurs.

rstjmaissopuisrpfdoncmqhsuiedpourtanthjsealors ensuitegdfgfgdabordduremapresqewsfinale m enteogdepuisroert

1 _et_
2 _____
3 _____
4 _____
5 _____
6 _____
7 _____
8 _____
9 _____
10 _____
11 _____

11 **A.** Complète le texte suivant avec des mots de l'exercice 10.

C'était mardi dernier à 6 heures du matin. J'étais réveillé _____ au moins une demi-heure, parce que je voulais revoir ma géographie pour l'interro. Il faisait froid, il pleuvait, le vent soufflait très fort dans les arbres.

Je me suis levé pour aller dans la salle de bains, _____ dans la cuisine pour prendre mon petit-déj.

D'habitude mes parents sont déjà là, mais ce jour-là, personne ! Le vent faisait craquer la maison et j'avais peur. J'ai _____ couru dans le salon et _____ j'ai appelé ma sœur. Mais seul le vent me répondait.

_____ je suis allé la réveiller pour lui expliquer la situation. On était inquiets, on a commencé à chercher les parents dans la chambre, dans la salle à manger, dans le garage, mais la voiture était encore là... Où étaient-ils ?

On ne savait plus quoi faire. _____ on a décidé de téléphoner à nos voisins, les Toureau, _____ le vent avait coupé la ligne du téléphone....

B. Cette histoire t'inspire ? Tu peux la terminer. Attention : pense à employer l'imparfait, le passé composé et aussi des indicateurs temporels !

12 Écoute les phrases suivantes et indique si elles sont au présent, au passé composé ou à l'imparfait. Puis, après une deuxième écoute, choisis l'indicateur de temps qui convient le mieux.

Piste 16

Dans cette leçon, vous avez étudié l'emploi de l'imparfait et du passé composé. À l'oral, leur prononciation est différente, mais il n'est pas toujours facile de distinguer une forme de l'autre, surtout à la première personne du singulier.

	1	2	3	4	5	6
Présent						
Passé composé						
Imparfait						
D'habitude						
Hier						
Quand						
Maintenant						
Avant						

13 **A.** Lis les textes suivants. Dans chacun d'eux, un passage a été supprimé. À toi de replacer les phrases de la liste dans le texte qui convient. Attention, il y a une phrase qui ne sert pas.

Texte 1

Une baleine en difficulté, en fin d'après-midi. Il était 17 heures environ, ça s'est passé au Japon.

Finalement elle a arrêté de bouger. Des spécialistes sont très vite arrivés et ont tout fait pour sauver la baleine. Malheureusement, c'était trop tard.

Texte 2

Pour la première fois en 2002, Paris a proposé à ses habitants de vivre les plaisirs de la plage.

On a apporté des palmiers et des bassins de fleurs ; on a installé des chaises longues avec parasols un peu partout. Les gens pouvaient librement s'asseoir pour bavarder ou pour lire leur journal !

Pour les parents avec des enfants, c'était idéal ! Des moniteurs organisaient des jeux. Pour les ados, beach volley, ping-pong ou roller en libre service. Côté bouffe, tout était prévu : mini-sandwichs, glaces, boissons et autres gourmandises !

Texte 3

L'entreprise Yakomo a proposé des crêpes à ses clients pour le repas de midi. L'initiative a été un véritable succès

Crêpes, sucrées ou salées, au fromage ou au chocolat, tout le monde était ravi ! La presse en a parlé avec des photos, des interviews et des articles sur la Bretagne et les traditions bretonnes. Elle a expliqué que cette initiative voulait faire connaître quelques spécialités régionales.

comme les crêpes aux algues et aux crevettes.

❶ On a donc fait transporter des tonnes de sable et d'herbe sur les bords de la Seine.

❷ Des pêcheurs ont essayé de l'aider à sortir mais l'animal a réagi et a renversé leur embarcation.

❸ Elle avait horreur des sports extrêmes, en particulier du saut à l'élastique.

❹ au point qu'à la fin de la journée, la caisse était pleine de yens !

❺ Beaucoup de gens ont assisté à ce drame.

❻ Au début, les Parisiens ont été très étonnés mais ils ont trouvé l'idée géniale !

❼ Son programme gastronomique prépare d'autres surprises

B. Écris une brève (information courte) à partir de la phrase que tu n'as pas utilisée.

14 Écris une fin logique pour chaque situation.

La semaine dernière, je faisais des courses en ville quand j'ai vu _____

Hier, Nathalie a appelé Tom à minuit parce que _____

_____

L'autre jour, mon frère a trouvé un billet de 100 euros par terre, alors _____

_____

Quand je rentrais du collège, j'ai entendu _____

_____

Pendant les dernières vacances d'été, j'ai _____

_____

15 Complète le message de Mona avec les précisions de tout ce qui lui est arrivé.

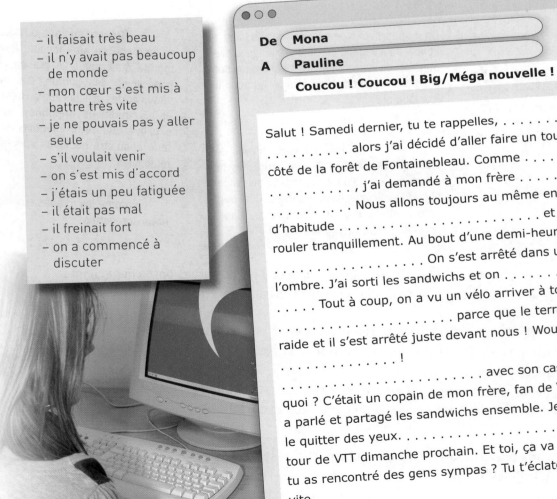

- il faisait très beau
- il n'y avait pas beaucoup de monde
- mon cœur s'est mis à battre très vite
- je ne pouvais pas y aller seule
- s'il voulait venir
- on s'est mis d'accord
- j'étais un peu fatiguée
- il était pas mal
- il freinait fort
- on a commencé à discuter

De Mona

A Pauline

Coucou ! Coucou ! Big/Méga nouvelle !

Salut ! Samedi dernier, tu te rappelles, ...
. . . . alors j'ai décidé d'aller faire un tour en VTT du
côté de la forêt de Fontainebleau. Comme . . . .
. . . . , j'ai demandé à mon frère . . . .
. . . . Nous allons toujours au même endroit et comme
d'habitude . . . . et nous avons pu
rouler tranquillement. Au bout d'une demi-heure, moi . . . . . .
. . . . On s'est arrêté dans un endroit bien à
l'ombre. J'ai sorti les sandwichs et on . . . .
. . . . . Tout à coup, on a vu un vélo arriver à toute vitesse, . . .
. . . . parce que le terrain était en pente
raide et il s'est arrêté juste devant nous ! Wouah, ...
. . . . !
. . . . avec son casque. Mais tu sais
quoi ? C'était un copain de mon frère, fan de VTT lui aussi ! On
a parlé et partagé les sandwichs ensemble. Je ne pouvais pas
le quitter des yeux. . . . . pour un
tour de VTT dimanche prochain. Et toi, ça va ? La mer est belle,
tu as rencontré des gens sympas ? Tu t'éclates ? Réponds-moi
vite...

Bisous, Mona

La grammaire, c'est facile !

5

1 **A.** Souligne avec des couleurs différentes les temps de ce texte.

IMPARFAIT : ROUGE

PASSÉ COMPOSÉ : VERT

> *Ce matin, c'était notre premier jour de vacances. Mes parents, ma sœur Laura et moi, nous avons pris la navette pour aller à l'aéroport de Mulhouse. Le bus était plein, les gens parlaient fort et un bébé pleurait. Nous sommes arrivés à 9 heures. J'avais faim, je voulais boire un café au lait, mais d'abord, j'ai aidé mon père à mettre les valises et les sacs sur un chariot. Ensuite, je suis allé avec ma mère acheter des journaux. Laura a regardé les vitrines d'une boutique de mode et après, comme nous avions le temps, nous avons encore pu aller au bar pour prendre quelque chose. Ensuite, nous avons fait la queue au guichet pour l'enregistrement des bagages. Quand on a eu nos cartes d'embarquement, on est passés au contrôle.*

B. À toi d'écrire une anecdote personnelle. Pense à réemployer les temps du passé que tu connais et les connecteurs.

_____

_____

_____

_____

_____

_____

2 Remplis le tableau avec les formes qui manquent.

Infinitif	Passé composé	Imparfait
FAIRE		je faisais
ALLER		
	j'ai pu	
PARLER		
		j'écrivais
		je sortais
SAVOIR		
	j'ai eu	
		j'étais
ARRIVER		
	j'ai dû	

5 Mot à mot

1 Cherche dans l'unité 5 du Livre de l'élève des mots qui
commencent par chacune des lettres du mot HISTOIRE.
Cherche leur fonction dans le dictionnaire et écris-la dans
la case, en indiquant à quelle page et dans quelle activité
tu as trouvé le mot. Ensuite, traduis-le dans ta langue.

	Mot	Fonction	Activité/page	Traduction
H	HIER	Adverbe.	Activité 1-A. p. 64	Ayer
I				
S				
T				
O				
I				
R				
E				

2 Écris une histoire avec au moins cinq mots de l'activité ci-dessus.

_____

_____

_____

_____

_____

_____

_____

_____

1 Va sur un site francophone d'informations (Internet en contient un très grand nombre) et, après les avoir lues, recopie dans ces encadrés celle qui t'a paru ...

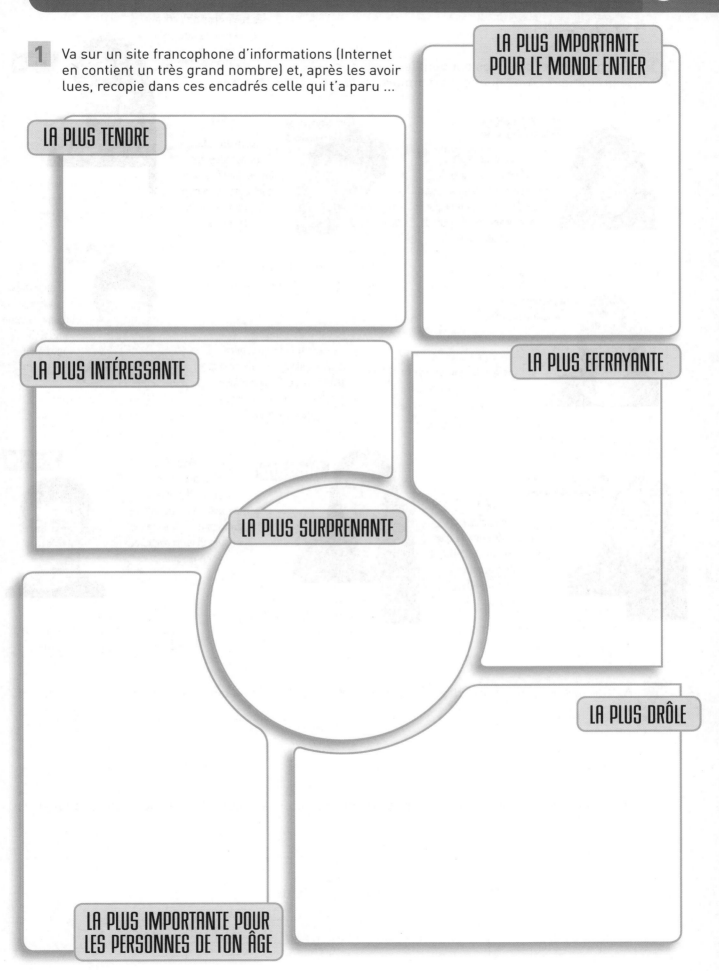

LA PLUS IMPORTANTE POUR LE MONDE ENTIER

LA PLUS TENDRE

LA PLUS INTÉRESSANTE

LA PLUS EFFRAYANTE

LA PLUS SURPRENANTE

LA PLUS DRÔLE

LA PLUS IMPORTANTE POUR LES PERSONNES DE TON ÂGE

1 Ces garçons et ces filles donnent leur avis sur la grammaire. Avec quelles remarques es-tu le plus d'accord ?

Moi, j'aime découvrir les règles par déduction. C'est comme un jeu.

Liza

Nicolas

La grammaire, c'est nul. Je n'aime pas apprendre la grammaire d'une langue. Je crois que je peux parler sans savoir la grammaire.

- ☐ Tu es d'accord
- ☐ Tu es en partie d'accord
- ☐ Tu n'es pas d'accord

Marco

Connaître la grammaire des autres langues, ça me sert pour apprendre la grammaire du français.

- ☐ Tu es d'accord
- ☐ Tu es en partie d'accord
- ☐ Tu n'es pas d'accord

- ☐ Je le fais toujours
- ☐ Je ne le fais jamais
- ☐ Je le fais parfois

Tom

J'apprends quand je fais moi-même une fiche de grammaire.

Alexandra

Avant de commencer à parler, je veux savoir toutes les règles et les exceptions.

Je compare toujours la grammaire du français avec celle de ma langue et parfois aussi avec celles des autres langues que je connais.

- ☐ Je le fais toujours
- ☐ Je ne le fais jamais
- ☐ Je le fais parfois

- ☐ Je le fais toujours
- ☐ Je ne le fais jamais
- ☐ Je le fais parfois

Cristina

Moi, je ne peux pas apprendre une langue en écoutant et en lisant sans connaître la grammaire.

Miriam

Pour bien parler une langue, il n'est pas nécessaire de connaître la grammaire ! Une langue s'apprend en écoutant et en parlant.

Paolo

- ☐ Tu es d'accord
- ☐ Tu es en partie d'accord
- ☐ Tu n'es pas d'accord

- ☐ Je le fais toujours
- ☐ Je ne le fais jamais
- ☐ Je le fais parfois

- ☐ Tu es d'accord
- ☐ Tu es en partie d'accord
- ☐ Tu n'es pas d'accord

2 **A.** Que fais-tu pour apprendre les verbes en français ? Et dans les autres langues ?

Pour le français ....

Pour les autres langues ....

....

B. Quels sont tes principaux problèmes en grammaire française ? Et dans les autres langues ?

....

....

C. Que fais-tu pour trouver une solution à ces problèmes ?

....

....

Colle, dessine, écris... tout ce que tu veux. Cette page est pour toi !

1 Voici quelques idées à propos de notre vie dans trente ans. Complète les phrases avec cinq verbes de la liste suivante et conjugue-les au futur.

laisser aller apparaître finir avoir

pouvoir découvrir utiliser assurer installer

Les scientifiques ⬚⬚⬚⬚⬚⬚⬚⬚⬚⬚ qu'il y a de l'eau sur la planète Mars.

J'espère que l'ONU ⬚⬚⬚⬚⬚⬚ la protection de la forêt amazonienne.

Les voitures ⬚⬚⬚⬚⬚⬚⬚ des carburants écologiques.

On ⬚⬚⬚⬚⬚⬚ construire des maisons avec de nouveaux matériaux.

On ⬚⬚⬚⬚⬚⬚⬚⬚ des plaques solaires dans tous les lieux publics.

J'imagine que les conducteurs ⬚⬚⬚⬚⬚⬚⬚⬚⬚ leurs voitures à l'extérieur des centre-villes.

2 **A.** Classe ces six problèmes de notre Planète selon leur urgence. Écris deux autres problèmes.

LE MOINS URGENT

LE PLUS URGENT

1 l'avancée du sert

2 la déforestation

3 l'élargissement du trou de la couche d'ozone

4 la disparition d'espèces animales

5 la pollution de l'air dans les grandes villes

6 la montée du niveau des mers

7

8

B. À ton avis, quelle est la cause de ces problèmes ?

La pollution augmente parce que les gens utilisent trop leur voiture.

CAR

PARCE QUE

3 Regarde cette liste et coche (X) les problèmes dont on parle très souvent à la télé, dans les journaux, sur Internet... Y a-t-il d'autres problèmes qui te préoccupent ? Tu peux compléter la liste.

☐ les enfants soldats   ☐ la chasse illégale   ....

☐ le dopage dans le sport   ☐ la violence à l'école   ....

☐ le SIDA   ☐ le racisme   ....

☐ le travail des enfants   ....

4 Complète ces banderoles avec tes idées.

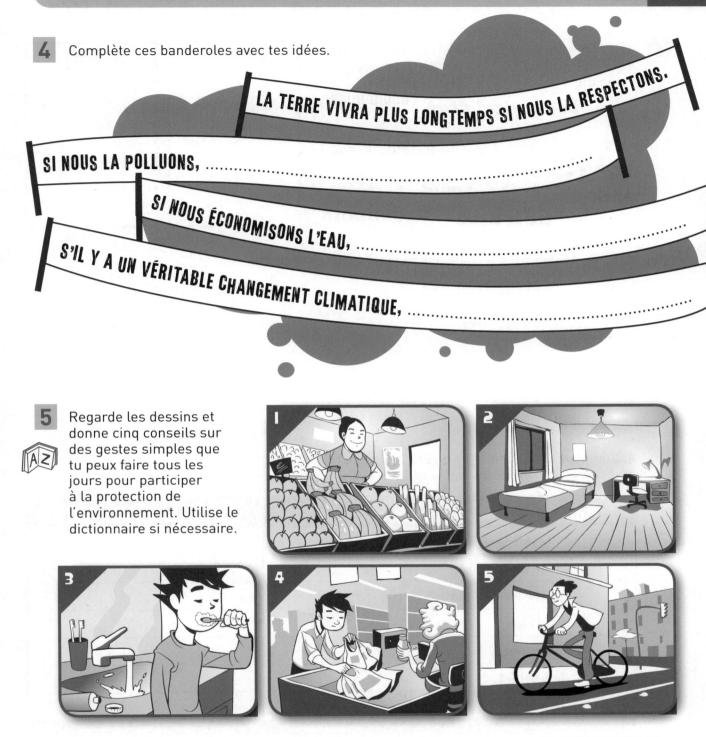

LA TERRE VIVRA PLUS LONGTEMPS SI NOUS LA RESPECTONS.

SI NOUS LA POLLUONS, ...

SI NOUS ÉCONOMISONS L'EAU, ...

S'IL Y A UN VÉRITABLE CHANGEMENT CLIMATIQUE, ...

5 Regarde les dessins et donne cinq conseils sur des gestes simples que tu peux faire tous les jours pour participer à la protection de l'environnement. Utilise le dictionnaire si nécessaire.

1   *Il vaut mieux manger des fruits et des légumes de saison.*

6 **A.** Voici des mots qui apparaissent dans le Livre de l'élève (p. 76-77). Place-les dans chaque catégorie.

l'aigle   le crapaud doré   économiser

le lynx   détruire   la baleine bleue

l'ours brun   disparaître   polluer

fondre   détruire   le dauphin

ANIMAUX	ACTIONS

B. Écris cinq phrases en utilisant au moins sept de ces mots.

1. _____

2. _____

3. _____

4. _____

5. _____

7 **A.** Complète ce tableau avec quatre mots que tu associes à chacun de ces animaux.

Animal	Caractéristiques		Activités	
le chien	affectueux	rapide	courir	se promener
le chat				
le hamster				
l'aigle				
le kangourou				
la baleine				
le serpent				

B. Tu voudrais avoir un (autre) animal de compagnie ? Lequel n'aimerais-tu pas avoir chez toi ? Explique / justifie tes choix.

● Moi, j'aimerais avoir un perroquet parce que je crois que c'est un animal très intelligent, mais je ne voudrais pas avoir de chien parce que j'ai peur des chiens.

J'aimerais avoir ....

....

Je ne voudrais pas ....

....

8 Voici les messages que cinq propriétaires d'animaux ont laissé sur le répondeur d'un vétérinaire. Complète le tableau.

Pistes 17-21

NOM DU PROPRIÉTAIRE	ANIMAL	PROBLÈME
1. M. Michel		
2.		
3.		
4.		
5.		

9 **A.** Quels sont les conseils donnés par ce chien ? Pour le savoir, associe un élément de chaque colonne pour reconstituer les phrases.

① Tu dois penser

② Il faut me promener

③ Si tu t'occupes bien de moi

④ C'est important

⑤ Si je suis malade, il vaut mieux

ⓐ m'emmener chez le vétérinaire.

ⓑ je serai toujours avec toi.

ⓒ à me vacciner une fois par an.

ⓓ de me laisser un grand espace pour courir.

ⓔ deux fois par jour.

B. Maintenant écris cinq conseils que tu peux donner à ce chien.

Tu ne peux pas dormir dans ma chambre.

1. _____
2. _____
3. _____
4. _____
5. _____

10 Réécoute le document de l'activité 6 du Livre de l'élève (p. 80) et complète ces textes.

Pistes 22-25

Moi, je suis super content ! Elle m'a dit que je .... à Paris, dans l'........................ En plus, j'.................... l'équipe de .... du collège de mes enfants. Elle m'a dit que j'aurai .... ! Tu imagines ?

YOANN

BÉATRICE

Moi, je suis étonnée ! Elle m'a dit que je .... en Chine, que j'........................ à Pékin. Plus tard, j'organiserai des ...., je ne sais pas très bien où, en Asie. Mais elle dit que je n'aurai ni .... ni .... C'est dommage !

THÉO

SONIA

À moi, elle m'a dit que je travaillerai dans la .... de l'environnement et au .... de Marseille. Elle croit que je gagnerai des .... de ....

Ah ! Ah ! C'est rigolo ! Elle dit que je ferai des études pour être .... dans .... dans les Pyrénées. En plus, elle voit dans sa boule que je cultiverai des .... et que j'inventerai une .... Elle dit aussi que j'adopterai ....

11 Complète l'opinion de ces quatre amis en utilisant *c'est... qui* ou *c'est... que.*

○ J'irai à Pékin ?
● Oui Béatrice, c'est une ville que tu connaîtras bien.

BÉATRICE : Voyager en Asie, d'accord. Mais habiter là-bas, ... une idée .... ne me plaît pas beaucoup. C'est trop loin de ma famille !

YOANN : Entraîneur de basket, ... une profession .... est géniale ! Je n'ai jamais pensé à ça, mais c'est tout à fait possible !

THÉO : Recycler, ... une des choses .... tout le monde peut faire. Et puis, si mon travail est en relation avec l'écologie et les animaux, ... grâce à mes grands-parents .... ont une ferme.

SONIA : .... ma mère .... m'a appris à faire les confitures. .... un secret .... je garderai toute ma vie !

12 **A.** À quoi rêve Xavier ? Qu'est-ce qu'il voudrait faire plus tard ? Utilise les expressions que tu as apprises dans cette unité.

Quand il sera adulte, il aimerait...

....
....
....
....
....
....

B. Et toi ? Quels sont tes rêves ? Qu'est-ce que tu voudrais faire plus tard ?

13 **A.** Classe ces affirmations selon leur degré de certitude. Souligne l'expression qui te permet de le déduire. Écris le prénom dans la bulle qui convient. Qui semble le/la plus sûr(e) de ces quatre personnes ?

La personne qui semble la plus sûre est .....

Matéo : Astronaute ? Vétérinaire ? Acteur ? Je ne sais vraiment pas !

Émilie : Je pense que je ferai des études de physique ou de pharmacie.

Zoé : Je suis sûre que je travaillerai avec des enfants : pédiatre par exemple.

Rudy : Moi, ça dépend. J'imagine que je travaillerai dans la pizzeria de mon père.

Aucune idée   Possible   100% sûr

Activités

6

B. Et pour toi ? Coche (X) la case qui exprime le mieux la probabilité de réaliser ces choses. Écris une phrase pour chaque projet, selon leur place dans le tableau. Utilise les expressions vues dans le Livre de l'élève (p. 81).

	Improbable	Possible	Sûr
Bien parler français	☐	☐	☐
Danser la tecktonik	☐	☐	☐
Vivre dans un pays étranger	☐	☐	☐
Travailler avec des adolescents	☐	☐	☐
Être membre d'une association	☐	☐	☐

1. _____
2. _____
3. _____
4. _____
5. _____

14 Regarde l'agenda de Muriel. Écris son programme pour le jour, la semaine ou le mois prochain. Imagine qu'aujourd'hui nous sommes le mardi 10 juin.

Lundi	Mardi	Mercredi	Jeudi	Vendredi	Samedi	Dimanche
	10	11	12	13	14	15
			vaccins de Mitou	examen final français, maths histoire/géo		
18	19	20	21	22
			examen final anglais– espagnol	fête de la musique: concert Place de la Bastille		

vacances!!!
dentiste
début séjour VTT Pyrénées

JUILLET

		1	2	3	4	5	6
7	8	9	10	11	12	13
14	15	16	17	18	19	20
21	22	23	24	25	26	27
28	29	30	31			

Après-demain, Muriel amènera Mitou chez le vétérinaire pour le faire vacciner.
....
....
....
....
....
....

15 **A.** Écoute ces mots et indique quelle nasale tu entends.

Piste 26

	[ã]	[ɛ̃]	[õ]
1.			
2.			
3.			
4.			
5.			

	[ã]	[ɛ̃]	[õ]
6.			
7.			
8.			
9.			
10.			

B. Trouve dans le Livre de l'élève cinq mots qui contiennent une de ces nasales.

[ã]
1. _____
2. _____
3. _____
4. _____
5. _____

[ɛ̃]
1. _____
2. _____
3. _____
4. _____
5. _____

[õ]
1. _____
2. _____
3. _____
4. _____
5. _____

soixante et onze **71**

6 Activités

16 Relis les textes de l'activité 8 du Livre de l'élève (p. 82), puis écoute Lucas et Vanessa. Quels conseils ont-ils suivi ? Coche (X) les informations correctes.

Pistes 27-28

Vanessa a parlé avec :	**Elle a expliqué à sa mère**	**Elle est contente parce qu'**
☐ un ami.	☐ comment est l'université.	☐ elle accep te d'être mannequin.
☐ son professeur de maths.	☐ les horaires et les matières.	☐ elle a trouvé une solution.
☐ un professeur de l'université.	☐ le salaire d'un mannequin.	☐ elle a eu une bonne note.

Lucas écrit pour remercier	**Il va parler avec**	**Il va chercher**
☐ son meilleur ami.	☐ quelqu'un de sa famille.	☐ un autre métier.
☐ son père.	☐ un cuisinier.	☐ de nouvelles recettes.
☐ un lecteur du magazine.	☐ un médecin.	☐ des informations précises sur son projet professionnel.

17 Donne deux conseils à chacune de ces personnes qui ont aussi écrit au magazine.

1 Je m'ennuie en vacances avec mes parents.

1 _____
_____
2 _____
_____

2 Si je dois parler devant toute la classe, j'angoisse.

1 _____
_____
2 _____
_____

3 Je ne sais pas danser et dans les fêtes ou le samedi soir, je voudrais danser avec mes copines.

1 _____
_____
2 _____
_____

4 Ma prononciation en français n'est vraiment pas bonne. Je voudrais participer plus souvent.

1 _____
_____
2 _____
_____

18 Relis les expressions idiomatiques avec les animaux du Livre de l'élève (p. 84). Trouve dans ta langue trois expressions qui utilisent des noms d'animaux.

• _____
• _____
• _____

1

A. Conjugue ces verbes au futur et colorie chaque terminaison d'une couleur différente.

ÊTRE

....
....
....
....
....
....

APPRENDRE

....
....
....
....
....
....

ALLER

....
....
....
....
....
....

POUVOIR

....
....
....
....
....
....

DEVOIR

....
....
....
....
....
....

B. Tu connais maintenant le présent, le passé composé, l'imparfait et le futur. Écris cinq phrases avec ces verbes aux quatre temps appris.

● Quand j'_étais_ petit, j'ai appris à nager avec mon oncle, à Nice. Et à 13 ans, je _suis allé_ au club de natation de ma ville pour la première fois. Maintenant, je _dois_ me préparer pour un championnat européen. Si je m'entraîne régulièrement, je _pourrai_ me qualifier.

● _____
_____

● _____
_____

● _____
_____

● _____
_____

● _____
_____

6 Mot à mot

1 Choisis un mot de chaque colonne pour former des expressions sur ces phénomènes qui mettent notre planète en danger.

A

Le trou
Le changement
Les pluies
La disparition
L'effet
La chasse
La fonte

B

des glaces
acides
de la couche d'ozone
de serre
climatique
à la baleine
d'espèces animales

2 Traduis ces expressions dans ta langue.

1. Le trou de la couche d'ozone ➲ ....

2. ....

3. ....

4. ....

5. ....

6. ....

3 Explique où l'on peut observer un ou plusieurs de ces phénomènes.

C'est en Australie qu'on observe le phénomène du trou dans la couche d'ozone.

_____

_____

_____

_____

_____

_____

_____

1 Consulte sur un moteur de recherche le site du Zoo de la Tête d'Or à Lyon et remplis la fiche de présentation.

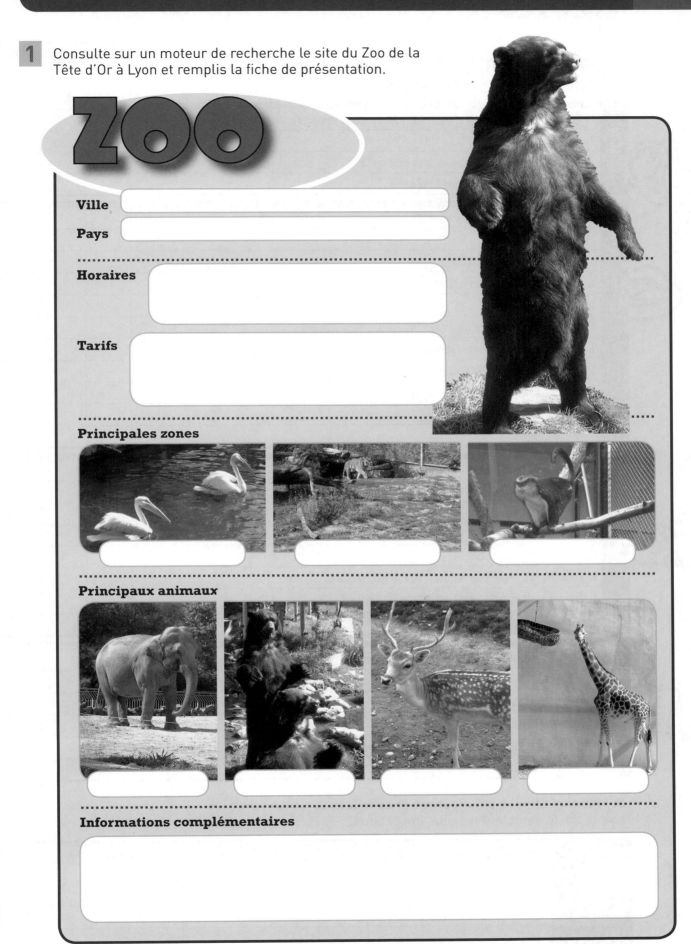

ZOO

Ville

Pays

Horaires

Tarifs

Principales zones

Principaux animaux

Informations complémentaires

1 Autoévaluation

A. Coche la case qui correspond à ta réponse.

ÉCOUTER

	NON	ASSEZ BIEN OU UN PEU	OUI
1. Écouter une histoire simple et repérer les informations essentielles (personnages, lieux, actions).			
2. Comprendre une consigne.			
3. Écouter une conversation et en comprendre le thème.			
4. Comprendre des ordres et des interdictions.			

PARLER

	NON	ASSEZ BIEN OU UN PEU	OUI
1. Donner une information sur un objet et son prix.			
2. Parler de ma classe.			
3. Décrire ma ville ou mon quartier.			
4. Expliquer mes goûts et les justifier.			
5. Exprimer des sensations.			
6. Formuler les questions et comprendre les réponses d'une interview.			
7. Expliquer quelque chose qui s'est passé.			
8. Décrire un changement de situation passée ou présente.			
9. Exprimer mon opinion sur un sujet qui m'intéresse.			
10. Interdire et autoriser.			
11. Donner un ordre.			

ÉCRIRE

	NON	ASSEZ BIEN OU UN PEU	OUI
1. Remettre les parties d'un texte dans l'ordre.			
2. Répondre par écrit à une invitation ou à une félicitation.			
3. Répondre à un courrier électronique ou à une carte postale.			
4. Compléter une histoire.			
5. Écrire la suite d'une histoire.			
6. Écrire des informations sur ma classe ou mon collège pour un site web.			
7. Écrire des informations sur ma ville ou mon quartier.			
8. Décrire une situation au passé et au présent.			

LIRE

	NON	ASSEZ BIEN OU UN PEU	OUI
1. Lire et comprendre une histoire, repérer les personnages et les événements.			
2. Lire plusieurs propositions d'activités et en choisir une.			
3. Lire et choisir plusieurs objets dans un catalogue.			
4. Lire une biographie.			
5. Lire un article (de journal ou de magazine) et comprendre l'idée principale et l'opinion de l'auteur.			
6. Lire et comprendre des interdictions et des ordres.			

B. Maintenant, relis tes réponses et complète ce tableau avec les points qui te semblent les plus importants.

	Ce que je fais le mieux	Ce que je suis en train d'apprendre	Ce que je ne sais pas faire
ÉCOUTER			
PARLER			
ÉCRIRE			
LIRE			

Transcription des enregistrements

Transcription des enregistrements

Pistes 1-2 – Activité 8

1. Salut à tous ! Moi mon nom c'est Sonia, j'ai 16 ans et j'habite aussi à la Croix-Rousse, à Lyon. Ce que j'aime le plus, c'est danser, sortir avec mes amis et jouer à des jeux vidéos ! J'adore ça ! Et ce que je n'aime pas, c'est... les gens hypocrites et malhonnêtes. Je passe beaucoup de temps à *Bouge Ton Quartier* et souvent, le soir, je sors avec mes amis. On va au ciné, on boit un coup, ça dépend. Côté caractère, en général je suis très gaie et j'aime beaucoup rire. Et finalement, j'ai beaucoup de rêves, comme faire le tour du monde par exemple !

2. Bonjour, je m'appelle Alexei, j'ai 16 ans et j'habite à la Croix-Rousse depuis 10 ans avec ma mère et ma sœur, Aline, qui a 15 ans. J'ai un caractère agréable, je pense, même si je suis un peu obstiné certaines fois. Je suis le sportif de la bande ! J'aime tous les sports mais surtout le skate. On organise des compétitions et des rencontres de temps en temps ; avis aux amateurs ! Ce que j'aime le moins, c'est étudier, mais ça peut être utile, même pour un sportif ! Quand j'ai du temps libre, vous l'avez deviné, je m'entraîne au skate, je joue aussi au foot avec mes copains... et il y a l'association bien sûr ! Et finalement, mon grand rêve, c'est que le skate devienne une discipline olympique, mais je crois que je rêve vraiment, là !

Piste 3 – Activité 11

1. Il y a une piscine dans mon quartier.
2. C'est Émilie ?
3. Les cours commencent demain ?
4. Tu n'aimes pas cette série.
5. Tu connais quelqu'un au collège ?
6. Nous allons boire un verre.
7. Vous faites du sport ?
8. Elles vont au théâtre.
9. Tu aimes le tennis ?
10. Il n'a pas envie d'aller au ciné ?

Pistes 4-5 – Activité 6 A

1. Oui, eh bien, alors là ben, c'est moi, quand... euh... j'avais... je devais avoir euh ... deux ans... Je suis allé au zoo avec ma grand-mère et je me souviens des... des lions.

2. Alors, sur cette photo, ohhh, c'est... c'est beaucoup plus tard déjà. Mmm... je devais avoir 18..., 19 ans et je faisais partie d'un... d'un groupe européen et on est tous là, en Hollande, à Utrecht, si je me souviens bien.

Piste 6 – Activité 7 A

Vous avez vu s'il a plu à Honolulu ?
Écoute ! Tu as entendu le hibou sur le mur ?

J'ai perdu une roue de mon jouet. Tu ne l'as pas vue rouler dans la rue ?

Piste 7 – Activité 11 A

● Eh ! Vous avez lu mon blog pendant les vacances ?
○ Ben non ! ? Tu nous excuses mais... ça s'est bien passé tes vacances ?
● Ouais, GÉ-NIAL ! J'ai fait des trucs incroyables ! J'ai visité Dakar, puis avec Moussa, on est allés dans la savane voir des animaux sauvages.
■ Quoi ? Non, c'est pas vrai ! Tu t'es promené à côté des lions et des singes ?
● Ben, oui Malik. On a fait des photos, eh ! On est passés à 50 mètres d'eux. Je suis même monté sur un éléphant. Après, on est partis sur la côte pour voir des dauphins et là... j'ai vu une baleine morte sur la plage !
❏ Oh, c'est pas vrai ! Je suis sûre que c'est à cause de la chasse tout ça ! Les baleines sont des animaux magnifiques pourtant. Je ne comprends pas comment on peut les exterminer ! C'est vraiment nul ! Et... qu'est-ce que tu as fait d'autre au fait ? Vas-y raconte-nous un peu !
● J'ai voyagé sur le fleuve dans une barque et j'ai vu un conseil du village. J'ai rencontré une fille super jolie là-bas !
❏ Ah bon ! Elle s'appelle comment cette fille ? Elle est sympa ? Tu vas lui écrire ?
● Oui, bon, je ne sais pas. Bref, après on est allés sur le fleuve avec un guide qui a attrapé mon appareil photo qui était tombé dans l'eau.

Piste 8 – Activité 6

Les activités commerciales des Gaulois
Avec leurs bateaux en bois, les Gaulois transportaient des marchandises sur le Rhône, la Seine et la Loire, et circulaient avec des chariots sur les routes qu'ils construisaient. Ils achetaient du vin, de l'huile, des poteries de luxe et des chevaux. Par contre, ils vendaient des céréales, des tonneaux en bois et des tissus, et aussi divers objets en cuir ou en verre. Les grands centres de commerce étaient Lyon et Marseille.

Piste 9 – Activité 9 A

sans, tâche, chez, piger, Michel, cassette, chaque, laisser, pencher, tousser.

Piste 10 – Activité 11

● Salut Pierre !
○ Salut Antoine ! T'as lu le texte en français pour aujourd'hui ?
● Ouais ! Pff ! Ça m'intéresse pas vraiment moi l'histoire de France !
○ Mais c'est pas l'histoire de France ! C'est beaucoup plus important ! On a découvert la femme la plus vieille d'Europe ! C'est génial !

Transcription des enregistrements

- Mais non ! L'homme le plus vieux d'Europe !
- Ah, bon ? En tout cas, c'est près de Paris, non ?
- Eh, tu sais pas lire ou quoi ? C'est près de Perpignan.
- Ouias, mais en tout cas, il a un drôle de nom cet homme le plus vieux : *homo erectus* !
- Ah bon ? Moi j'ai compris qu'il s'appelait Tautavel...
- Mais non, Tautavel, c'est le nom du village où on a trouvé les ossements.
- Ouais, ben, en tout cas, il n'était pas grand, 1,65 ! Et il était très jeune : 20 ans !
- Oui, ça c'est vrai !
- Je crois que ça me plairait bien de voir la fresque qui représente l'histoire du monde, de l'homme et du langage... Ça doit être beau...
- C'est sur, moi aussi, ça me plairait !

UNITÉ 4

Piste 11 – Activité 10 A
0. mes – mes ; 1. me – mes ; 2. les – le ; 3. te – thé ;
4. ses – ces ; 5. des – de ; 6. ne – nez ; 7. ces – ce

Piste 12 – Activité 10 B
0. nez ; 1. thé ; 2. te ; 3. dîner ; 4. dé ; 5. regarde ;
6. ce ; 7. ces.

Piste 13 – Activité 10 C
0. télévision ; 1. demain ; 2. rendez-vous ; 3. refaire ;
4. défaire ; 5. vendredi ; 6. retour ; 7. un bébé

UNITÉ 5

Piste 14 – Activité 2 B
Nous allons rejoindre notre correspondant en direct de Nice pour en savoir plus sur cette explosion qui s'est produite ce matin en plein centre-ville.

Il était 9 heures ce matin quand la police a reçu un appel téléphonique d'une passante pour donner l'alarme. Une explosion, très forte, venait de se produire en plein centre-ville, à une heure particulièrement fréquentée. Police, pompiers et SAMU sont immédiatement arrivés sur les lieux et ils ont pu constater qu'il s'agissait certainement d'une explosion de gaz dans un vieil immeuble situé tout près de la mairie. Heureusement, il n'y avait presque personne dans le bâtiment et les habitants de l'appartement où s'est produite l'explosion n'ont été que légèrement blessés. Le SAMU les a immédiatement évacués vers l'hôpital le plus proche. Les témoins, avec qui j'ai pu parler, m'ont confirmé que l'explosion a été particulièrement violente. Les victimes, une vieille dame et son petit-fils, sont en observation, mais leurs jours ne sont pas en danger selon les médecins. Gérard Dupuis, pour Radio Infoplus Nice.

Merci à notre correspondant pour cette information de dernière minute. Nous passons maintenant au sport...

Piste 15 – Activité 6
- Alors, vas-y raconte !
- Ouais, ben... on était en train de marcher tranquillement, Zaïra et moi, au bord du lac quand...
- Quand quoi ?
- Eh ben... quand on a commencé à voir les gens qui couraient... Ils avaient l'air effrayé ! Et c'est à ce moment-là que j'ai vu le tigre...
- Un tigre! Vous avez dû avoir très peur !?
- En fait, j'sais pas trop ce qui s'est passé... J'ai commencé à me sentir tout bizarre, j'avais pas peur...
- Et tu n'avais pas peur avec le tigre devant toi ? Et Zaïra ?
- Ben, justement... J'ai vu qu'elle était par terre... Alors, je l'ai prise dans mes bras. Je sentais pas son poids, je me sentais très fort.
- Et alors ?
- Ben, ... j'avais l'impression de voler... je volais, comme si j'avais des ailes !
- Et les gens ?
- C'était la panique ! Les mamans criaient, les enfants pleuraient... J'ai laissé Zaïra avec un policier et je me suis assis sur un banc... Tout était bizarre autour de moi...
- Et qu'est-ce que tu as fait ?
- Attends, à ce moment-là, il y avait plein de journalistes autour de moi et ils me posaient plein de questions... Tiens, regarde la photo qui est sortie dans le journal.
- Dis donc, c'est quoi cette chemise ?
- Ben, justement, j'sais pas... j'ai pas de chemise comme ça, moi. J'comprends pas ce qui s'est passé...

Piste 16 – Activité 12
1. Nos parents nous accompagnaient au cinéma.
2. J'ai croisé Patrick dans la rue.
3. Il rentre du travail vers 6 heures.
4. Nous sommes allés visiter un musée avec la classe.
5. Je ne sors plus sans mon portable.
6. Elle jouait au basket.
7. Elle fait de la natation.

UNITÉ 6

Pistes 17-21 – Activité 8
1. Bonjour, je suis M. Michel, propriétaire de cinq chevaux qui sont ici... dans ma ferme. Ils sont en bonne santé, normalement, mais, là avec ces températures si élevées, ils souffrent énormément. Ils restent à l'ombre, sans bouger, ils ont très chaud, vous comprenez ? Qu'est-ce que je peux faire? Ça m'inquiète, hein...

2. Bonjour, je m'appelle Nicolas. J'ai trois poissons rouges. C'est un cadeau d'anniversaire. Mais il y en a

un qui est de moins en moins rouge. Il est en train de perdre sa couleur. Je crois que je lui ai donné trop à manger. C'est très grave ?

3. Bonjour, je voudrais savoir ce que je dois faire parce que mon hamster est très très nerveux et quand il se promène à l'extérieur de sa cage, il ronge les câbles électriques de toute la maison : les lampes, le téléphone, l'ordinateur... tout ! Comment faire pour qu'il reste tranquille ?

4. Oui, bonjour Monsieur, je suis la propriétaire de cinq oiseaux qui... dans la normale vont bien mais, je ne sais pas ce qui s'est passé... Je suis rentrée de vacances hier et euh... j'ai mon petit bengali qui... qui a la patte cassée apparemment. Et il passe toute la journée par terre et je suis... je ne sais pas quoi faire. Si vous pouviez me donner une solution, ce serait bien. Merci ! Au revoir !

5. Bonjour ! En fait, il y a mon chat qui... qui ne mange pas beaucoup, ça fait bien longtemps qu'il ne boit plus, alors je suis très inquiet quand même, parce que je ne sais pas ce qu'il faut faire dans ce cas-là... Donc, j'attends un petit conseil, merci !

Pistes 22-25 – Activité 10
1. Pour toi, je vois un chemin clair et sans obstacles : tu travailleras à... à Paris... avec les dernières technologies. Tu inventeras un nouveau programme informatique pour... pour la sécurité automobile. En plus de ton travail... je vois que tu entraîneras une équipe... une équipe de basket... l'équipe de basket du collège de tes enfants. Et... je vois que... justement tu auras... trois enfants !

2. Tu t'appelles Béatrice et... je vois pour toi, Béatrice, des images exotiques, des odeurs... des odeurs de fruits, de forêts... tu voyageras loin... en Chine. Tu habiteras à... Pékin sans doute. Et puis, je te vois partir avec des amis pour visiter des temples, ... des temples bouddhistes et puis tu habiteras au Viêtnam aussi. Tu travailleras pour un musée. Un musée... un musée archéologique. Plus tard, je vois des expositions, je vois des photos... Oui, je pense que tu organiseras des expositions de photos. Euh... je ne vois pas d'enfants... ni de mari.

3. Alors, voyons voir, ... ton futur, eh bien... ton futur sera marqué par euh... l'environnement... la protection de l'environnement, plutôt. Cette carte me dit que tu continueras... ah oui, c'est ça... tu continueras à faire du VTT le dimanche, mais tu iras loin. Je vois une coupe, tu gagneras des courses. Mais, je vois des animaux et ta passion pour les animaux... tu vas travailler dans un zoo, dans le sud de la France... un port... Marseille, il me semble. Tu chercheras de nouveaux spécimens... des spécimens de serpents... et tu les exposeras dans ce zoo.

4. Sonia, ... Oh là là ! Sonia !! Tu vivras vieille, très, très vieille ! Après le lycée, tu... je vois un avenir plutôt sportif, tu feras une formation pour être professeur d'aérobic. Et puis, je te vois dans un petit village dans les Pyrénées. Et puis... je vois... un jardin... un jardin très, très grand. Tu y cultiveras... des fruits, des légumes... des produits biologiques et tu finiras par créer une nouvelle marque de confiture. Oh ! ça marchera bien ! Et... tu auras un mari, vous adopterez deux enfants.

Piste 26 – Activité 15 A
prévision, serpent, chemin, changer, extinction, incroyable, respectons, engagement, vaccin, urgente.

Pistes 27-28 – Activité 16
Salut, moi c'est Vanessa et je voudrais remercier à Martine qui m'a conseillée de parler avec un prof de l'université. J'ai expliqué à ma mère mon emploi du temps pendant mes études et elle a enfin compris que je suis très motivée pour réussir et que je n'aurai jamais le temps de faire des séances photos. Salut !

Salut, c'est Lucas. Je voulais remercier un lecteur du magazine qui m'a écrit un mail pour me donner deux conseils qui ont fonctionné : d'abord, chercher dans ma famille une personne qui n'est pas devenue médecin et qui a gagné sa vie. Et ensuite, chercher des informations précises sur la formation professionnelle, les avantages de ce métier, des boulangers ou des cuisiniers connus... dans le monde entier ! Quand mon père a vu ma détermination, il a accepté ma décision. Merci encore. Ciao !